AF275031

Disfrute gratuitamente **DURANTE UN AÑO** de los eBook y audiolibros de las obras de Editorial Colex*

⊛ Acceda a la página web de la editorial **www.colex.es**

⊛ Identifíquese con su usuario y contraseña. En caso de no disponer de una cuenta regístrese.

⊛ Acceda en el menú de usuario a la pestaña «Mis códigos» e introduzca el que aparece a continuación:

RASCAR PARA VISUALIZAR EL CÓDIGO

⊛ Una vez se valide el código, aparecerá una ventana de confirmación y su eBook y audiolibro estará disponible **durante 1 año desde su activación** en la pestaña «Mis libros» en el menú de usuario.

---

* Los audiolibros están disponibles en las ediciones más recientes de nuestras obras. Se excluyen expresamente las colecciones «Códigos comentados», «Biblioteca digital» y los productos de www.vademecumlegal.es.

No se admitirá la devolución si el código promocional ha sido manipulado y/o utilizado.

¡Gracias por confiar en nosotros!

La obra que acaba de adquirir incluye de forma gratuita la versión electrónica.

Acceda a nuestra página web para aprovechar todas las funcionalidades de las que dispone en nuestro lector.

Funcionalidades eBook

Acceso desde cualquier dispositivo con conexión a internet

Idéntica visualización a la edición de papel

Navegación intuitiva

Tamaño del texto adaptable

Síguenos en: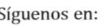

VÍDEO, CREACIÓN AUDIOVISUAL Y ESCENA:

APROXIMACIONES A LA INVESTIGACIÓN Y LA PRÁCTICA DE LA VIDEOESCENA

VÍDEO, CREACIÓN AUDIOVISUAL Y ESCENA:
APROXIMACIONES A LA INVESTIGACIÓN Y LA PRÁCTICA DE LA VIDEOESCENA

Coordinación
Ana Sedeño-Valdellós

UNIVERSIDAD DE MÁLAGA

Dependiente del proyecto **«Dramaturgia visual, videoescena y creación audiovisual performativa: formas y procesos de interacción entre visuales en directo y artes escénicas»**.

Financiado por la Universidad de Málaga: Proyecto B.3. Proyectos de investigación en Ciencias Sociales y Jurídicas, Humanidades, Arquitectura y Bellas Artes. Plan Propio de Investigación y Transferencia de la Universidad de Málaga. Investigador Principal: Ana Sedeño-Valdellós

Web: https://audiovisualesescenicos.uma.es

COLEX 2025

Copyright © 2025

© Ana Sedeño-Valdellós
© Diego Palacio Enríquez
© Carmen Gaona Pisonero
© Jose Iranzo Benito
© Juan Pedro Ramírez

© Pablo Díaz Morilla
© Alejandro Alvarado Jódar
© Agustín Linares Pedrero
© Juan Carlos Robles
© Manuel Emilio Marí-Altozano

© Imagen de Portada: Orlando, una climobiografía en Contenedor Cultural UMA (19 de marzo de 2025)
© Actriz: Irene Núñez
© Vídeo interactivo: Jose Iranzo Benito
© Dirección: Ana Sedeño Valdellos

© Editorial Colex, S.L.
Calle Costa Rica, número 5, 3.º B (local comercial)
A Coruña, C.P. 15004
info@colex.es
www.colex.es

I.S.B.N.: 979-13-7011-480-0
Depósito legal: C 2006-2025
DOI: https://doi.org/10.69592/979-13-7011-480-0

SUMARIO

PRÓLOGO
HETEROGENEIDAD, EVOLUCIÓN Y NECESIDAD
Diego Palacio Enríquez
(Pág. 13)

1
**VIDEOESCENA DESDE LA DRAMATURGIA VISUAL
Y EL AUDIOVISUAL PERFORMATIVO**
*Ana Sedeño-Valdellós, Carmen Gaona
Pisonero y Jose Iranzo Benito*
(Pág. 19)

2
ECOSISTEMA INTERACTIVO PARA LA VIRTUALIZACIÓN ESCÉNICA CON NUEVOS MEDIOS DIGITALES

Juan Pedro Ramírez

(Pág. 35)

3.
DIFERENCIAS Y ACERCAMIENTOS ENTRE EL PROCESO DE ESCRITURA PARA TEATRO Y EL PROCESO DE ESCRITURA PARA EL AUDIOVISUAL: APUNTES BÁSICOS

Pablo Díaz Morilla

(Pág. 61)

4

***LIVE CINEMA* Y *POLITICAL REMIX VIDEO*: PROCESO Y METODOLOGÍAS CREATIVAS DEL COLECTIVO LOS VOLUBLE**

Alejandro Alvarado Jódar

(Pág. 81)

5.

VIDEOESCENA INTERACTIVA: SENSORES, I.A. Y EL FUTURO DEL CUERPO EN LA ESCENA

Agustín Linares Pedrero

(Pág. 99)

6

ÁFRICA EN TRÁNSITO: VIDEOCREACIÓN, DESPLAZAMIENTOS ESCÉNICOS Y PENSAMIENTO DECOLONIAL

Juan Carlos Robles

(Pág. 115)

7
MUNDOS INMERSIVOS, JUEGOS INTERACTIVOS Y ESCENA
Manuel Emilio Marí-Altozano
(Pág. 149)

8
ENTREVISTA CON ALVARO LUNA, VIDEOESCENISTA OCTUBRE 2025
Ana Sedeño Valdellós
(Pág. 165)

PRÓLOGO

HETEROGENEIDAD, EVOLUCIÓN Y NECESIDAD

Diego Palacio Enríquez
Universidad Internacional de la Rioja (UNIR)

En las artes escénicas contemporáneas la presencia de diferentes tecnologías es más que una tendencia, el uso de proyecciones, emisión de contenidos, *streaming*, complejos escenotécnicos, captura de movimiento y de imagen a tiempo real (cámaras y dispositivos) o interacción del consumidor, hasta la búsqueda de la inmersión mediante tecnologías como VR y AR resulta una práctica casi habitual. La existencia de estas tecnologías se ha extendido tanto que figuras como el *videojockey,* el *discjockey*, el realizador de televisión, el videoartista y el músico electrónico están presentes en las programaciones de teatros y festivales, así como imbricados en el hecho escénico contemporáneo de manera asidua.

Resulta llamativo cómo la utilización de estas tecnologías evolucionadas, han permitido que creadores/as consolidados como Falk Richter, Milo Rau, Tomaz Pandur, Rimini Protokoll, Fabrice Murgia o Christiane Jatahy, entre otros muchos que habitan dichas praxis, alterar sus discursos y situarse en este teatro y sus diferentes vertientes escénicas. Además, coexisten en el teatro posdramático y la era de la aceleración donde las tecnologías permiten la alteración narrativa y escénica mediante la simultaneidad, la yuxtaposición, el *collage*, el efecto *zapping*, o la ruptura de las coordenadas espacio temporales están presentes gracias a una fuerte unión entre la dramaturgia espectacular y la integración tecnológica. Nuevas formas de contar demandan nuevas tecnologías y una tecnología evolucionada genera productos que permiten a los creadores desarrollar nuevas formas de contar.

En este maremagno de creaciones y praxis escénicas, la investigación teatral y los *performances studies* se ven obligados a recurrir a diferentes estrategias; la primera es la búsqueda de recursos tan heterogéneos como el propio universo escénico, herramientas de investigación, bibliografía y metodologías que provienen de la iluminación, la fotografía, la cinematografía, la filología y de varias disciplinas. La segunda es la necesidad de generar un corpus de estudios solventes, que sirvan de sustento para las investigaciones futuras. En esta generación de materiales se enmarca este volumen recoge las investigaciones de diversos autores sobre la creación audiovisual, su uso y su impacto en la escena contemporánea de carácter profundamente transdisciplinar.

Estas páginas agrupan un buen número de investigadores que realizan dos labores fundamentales. La primera es la creación de un monográfico novedoso y solvente que permite alimentar el número de investigaciones vinculadas al hecho teatral. Y, sobre todo, aquellas que están focalizadas en la inclusión de tecnologías audiovisuales, tendencia en auge en los últimos años y que necesita de un aporte extra de procesos, materiales y metodologías de investigación dada tanto la carestía que existe como la mutación continua de las praxis escénicas.

La segunda labor es la (re)visitación y consenso de los estudios sobre un corpus bibliográfico fundamental para la investigación en artes y que pivota sobre materiales que son puestos en común y consultados desde diferentes ángulos, una óptima dinámica como labor continuista de sus antecesores y que genera, por lo tanto, una «tendencia común», casi una misma escuela, una forma de entender los estudios teatrales. Con estas premisas aparecen de manera recurrente los estudios de teatrólogos de referencia para el estudio de las artes escénicas contemporáneas y sus diversos caminos, nombres como Patrice Pavis, Gabriella Giannachi, Luis Thenon o José Antonio Sánchez. También se suman nombres de creadores contemporáneos cuyas reflexiones se extienden desde lo escénico para cubrir la necesaria investigación-creación contemporánea, acción que permite un acceso más profundo a sus procesos creativos y demuestra una preocupación por lo creativo/escénico, pero también por la investigación y la teoría teatral. Aparecen nombres como Katie Mitchell y los *Live cinema Show* o Thomas Ostermeier y la aceleración. En este corpus de materiales no pueden faltan investigadores nacionales como Anxo Abuín, José Gabriel López Antuñano o Pablo Iglesias Simón entre otros muchos que figuran en la monografía.

A partir de la premisa «Vídeo, creación audiovisual y escena» se abordan una serie de materiales sobre la práctica escénica desde la investigación en artes escénicas contemporáneas, algo necesario como se adelantaba en líneas anteriores.

Comienza con «Videoescena desde la dramaturgia visual y el audiovisual performativo» de Ana Sedeño-Valdellós y Carmen Gaona. Es capítulo inicial sirve como presentación del fenómeno de la *videoescena*, su definición y estudios actuales sobre las funciones del audiovisual aplicado a las artes vivas. Además, presenta el fenómeno heterogéneo escénico y su faceta poliédrica, desde lo textual a lo instalativo, realizando un viaje por las narrativas clásicas, el postdramatismo y la postnarrativa.

El siguiente texto es «Ecosistema interactivo para la virtualización escénica con nuevos medios digitales» de Juan Pedro Ramírez. Capítulo que acomete la creciente presencia del audiovisual en lo performativo y el camino de ida y vuelta, los audiovisuales como elementos de por sí performativos. La importancia de la interacción y por lo tanto la presencia de un artista y un espectador que se fusionan con la tecnología en una necesidad de interacción (performatividad interactiva). Asimismo, se aborda una de las cuestiones fundamentales de comunicación técnica y posibilidad de creación, a saber, el software utilizado y su condicionamiento/opciones que posee.

En el capítulo que continua se procede a investigar sobre las «Diferencias entre escritura para la escena y escritura para el audiovisual» de Pablo Diaz Morilla. El autor reflexiona sobre la escritura escénica versus la escritura audiovisual. Ambos mundos conllevan procesos diferentes, con elementos que afectan no solo el proceso creativo, sino la estrategia de ejecución, concepción y realización del producto final. En «Live cinema y political remix video: proceso y metodologías creativas del colectivo *Los Voluble*» de Alejandro Alvarado, se realiza una investigación sobre los hermanos Benito y Pedro Jiménez, cuyo nombre artístico es *Los Voluble*, en sus más de 20 años de producción artística han incorporado diferentes técnicas visuales a su praxis escénica siendo creadores novedosos y una punta de lanza de la innovación. Ahora desde la investigación académica se puede dar nombre a muchas de sus prácticas como el *Live Cinema Show*, la integración de *Videjockey* en el hecho escénico o la performance audiovisual entre otros. Este texto profundiza en la consolidación del grupo y su versatilidad temática y formal, así como en su capacidad de hibridación.

La siguiente investigación «Videoescena interactiva: Sensores, IA y el futuro del cuerpo en la escena», de Agustín Linares, conecta con dos temas principales de esta monografía, el primero visto en el capítulo de Pablo Díaz Morilla, cómo el artefacto técnico (en el caso de Díaz Morilla, el software) afecta a la creación artística, ahora desde la vertiente de los sensores y su inserción con el cuerpo performático. El segundo tema es la necesidad de incorporar tecnologías interactivas en las artes escénicas, tanto por los creadores y la necesidad de un nuevo cuerpo que se complemente con lo tecnológico (heredando toda la tradición del movimiento ciborg) como por la necesidad de consumidores en ser «parte de la tecnología».

En el artículo que sigue «África en Tránsito: videocreación, desplazamientos escénicos y pensamiento decolonial» de Juan Carlos Robles se aborda la videocreación como forma expandida del arte contemporáneo y cómo dicha disciplina artística ha venido tensionando las formas de representación, tiempo, territorio y cuerpo desde sus orígenes. Para ello se toma de referencia las últimas ediciones de la bienal Dak`Art de Dakar, Senegal, en la que participan artistas de todo el continente africano. Para ello el autor articula su discurso mediante la creación de marcos teóricos sobre la decolonialidad. En la investigación que cierra la monografía «Mundos inmersivos, juegos interactivos y escena» de Manuel Marí-Altozano, se retoma la importancia de la interactividad en las artes escénicas contemporáneas, la explotación e inclusión de tecnologías, como la VR (Virtual Reality) que permiten un mayor efecto de inmersión del espectador. Así como la extensión del hecho escénico o audiovisual hacia los metaversos posibles.

Por último, una entrevista ilustra el carácter práctico de la especialidad: se trata de conocer las experiencias de Álvaro Luna, videocreador y apasionado del teatro, que tiene uno de los trabajos más destacados del panorama español. Pionero de la *videoescena*, investiga en la inclusión del vídeo y la proyección visual en espectáculos de ópera, teatro, música y danza y ha trabajado con los mejores directores de teatro.

La monografía presenta una serie de investigaciones necesarias, que pretenden dar respuesta a diferentes propuestas escénicas, productos audiovisuales y creaciones artísticas que se sirven tanto del momento actual como de las herramientas técnicas/tecnológicas presentes tanto en creadores como en consumidores. Una democratización de la tecnología que ha permitido una ampliación de horizontes creativos y realizaciones expandidas, no tanto por un bajo costo del acceso a la técnica, sino por una modificación del paradigma de pensamiento contemporáneo en el que los valores de la simultaneidad, la aceleración, lo inconcluso, lo fragmentario o lo expandido, tienen presencia la sociedad, el marketing y por supuesto el arte.

1

VIDEOESCENA DESDE LA DRAMATURGIA VISUAL Y EL AUDIOVISUAL PERFORMATIVO

Ana Sedeño-Valdellós
Universidad de Málaga

Carmen Gaona Pisonero
Universidad Rey Juan Carlos

Jose Iranzo Benito
Universidad de Málaga

1.1. Introducción: teatro posdramático y dramaturgia visual

El teatro es una manifestación performativa de gran impacto transdisciplinar. Su naturaleza como gran contenedor artístico incluye lo textual, lo performativo, lo literario, lo corporal, lo musical y lo instalativo. Todos estos códigos se engarzan en forma de manifestación viva. El componente audiovisual potencia todas las posibilidades de lo performativo y juntas producen un cambio radical de la praxis teatral que ha sido bautizada como teatro postdramático por Lehmans (2011) o dramaturgia postnarrativa o postclásica por Pavis (2015).

El teatro es la gran forma híbrida, que a través de lo digital ha incorporado materiales para llegar a una concepción aumentada (Schechner, 2006): «un espectáculo teatral es [...] una creación artística que se inscribe en el conjunto de las artes espacio-visuales. Posee distintas líneas expresivas o de significación, coincidentes al unísono en el mismo espacio y tiempo, para construir una imagen escénica concreta, determinando una trama o espesor de procesos significantes» (Hormigón, 2002, p. 135).

La reflexión sobre el aspecto comunicativo del teatro resulta una constante desde hace unos años y se concreta en un creciente interés por su potencial experimentador con otros materiales artísticos, como el vídeo. Ya sea como cyberteatro (Causey, 2006), teatro virtual (Giannachi, 2004, p. 19), o performance digital (Salter, 2010; Klich y Scheer, 2012; Parker-Starbuck, 2011; Feral, 2012; Dixon, 2007) se han producido diversas olas de incorporación tecnológica al teatro y con ello la suma de funcionalidades de lo visual a su dramaturgia, con el consiguiente debilitamiento del texto.

Y es que desde principios del siglo XX la tradición de predominio del texto en el arte del teatro comienza a resquebrajarse. Artaud con el teatro de la crueldad o Meyerhold con su cinematificación (Griffero, 2008) van configurando las condiciones de apertura a otros medios, que se consideran hoy dentro del radio de lo teatral y lo conducen hacia un camino de visualidad dramatúrgica.

Esta redirección de las prácticas hacia un acento en el componente plástico o *visuality* (Blais, 2019; Haase, 2015; Pearce *et al.* 2018) supone un impulso hacia lo visual y lo videográfico, bajo el término de videoescena, práctica de comunicación con una genealogía que abarca desde las prácticas experimentales de vanguardia hasta el *videomapping*, los visuales en directo o la videodanza. La videoescena es una consecuencia práctica del debilitamiento del texto, de la tendencia a la dramaturgia visual y de entender la obra teatral como un tejido de interconexión entre medios (Thenon, 2005; Luna, 2016).

Por todo ello se habla de dramaturgia visual como la sustitución de la literalidad del texto por una concepción holística del teatro desde un punto de vista visual, a través de cuadros o postales visuales. En ella la trasdisciplinariedad se aplica desde la inclusión de imágenes de tipo fotográfico, referencias tomadas desde la pintura y la tradición de la cultura visual mediante *tableau vivants* y otros materiales escenográficos. Esto hace que el teatro destaque por una tendencia a la abstracción y lo experimental, consecuencia del alejamiento de lo textual y narrativo. Vindas Villareal (2019, p. 134) describe la dramaturgia visual como aquella que desarrolla una serie de características que problematizan la necesidad, jerarquía superior o preeminencia del texto escrito sobre las indicaciones de escena:

- Contiene una organización desde lo visual que articula tanto el contenido como la forma del texto teatral.

- No se subordina a lo escrito (ruptura de jerarquía), sino que coexiste en simbiosis con distintos elementos visuales en un mismo plano simbiótico.

- Está constituida por elementos visuales que pueden usurpar lo escrito o mezclarse con él.

- Puede encontrarse tanto en el proceso (sistematización de elementos visuales) como en la obra teatral.

- Permite la exploración de una infinidad de herramientas visuales y formatos, con el objetivo de construir el universo dramatúrgico.

- A pesar de sus múltiples posibilidades en cuanto a formatos, soportes, diseños, la dramaturgia visual no pierde la naturaleza de estructurar acciones.

En una adaptación de esta tendencia a lo visual, la videoescena se ha desarrollado como concepto integrador, yendo más allá a través de la generación de un campo de experimentación e investigación que se encuentra en el espacio entre lo escénico y las prácticas audiovisuales. Se caracteriza por todas las formas, usos y funciones del vídeo dentro de las prácticas teatrales. Como tal necesita ser descrito en su alcance y su potencia, recogiendo todo tipo de posibilidades de cómo la imagen se conforma en dramaturgia visual y suma posibilidades al espacio que se crea en la representación teatral y en la experiencia artística anexa. La videoescena se está consolidando como campo conceptual gracias a un contexto acorde en el teatro contemporáneo, tanto en su modalidad multimedia, hipermedia e intermedia, así como en su aplicación a los componentes de la enunciación teatral como el espacio, el tiempo y el personaje.

1.2. Videoescena: definiciones y mapa de su encuadre cultural

La aplicación del vídeo en sus variados formatos en el interior de una obra teatral es una más de las posibilidades de lo videográfico, y su investigación compone todo un campo por explorar, como se apuntaba.

El creador videoescénico recoge el interés de una línea de especialización que llega desde las prácticas de visualidad en relación con lo performativo, lo escénico y lo «en vivo». El concierto dio lugar al importante momento de interacción y creación de visuales como acompañamiento de actuaciones musicales, y la creación de visuales específicos a cada canción o parte del live, con proyección frontal o posterior. Más tarde, el happening, el arte de acción y la videoperformance o la videodanza se sumaron a esta unión entre lo corporal y lo audiovisual. Desde la academia son aún escasos los investigadores y los proyectos de hermanamiento/colaboración entre la comunicación —en su vertiente audiovisual— y la producción artística, aunque comparten ciertas lógicas de producción de textos y productos creativos.

Aun así se desea seguir apostando por campos específicos de hibridación como el audiovisual performativo, que produce una obra audiovisual a través de procesos artísticos de experimentación con materiales como el cuerpo, el gesto, la música, el audiovisual y lo digital —incluidas sus formas reactivas e interactivas—: «compone una tendencia de artes y medios a confluir para desarrollar interfaces entre la obra y el espectador/usuario y se materializan en prácticas escénicas de experimentación con vídeo y tecnologías audiovisuales digitales en el ámbito escénico y en relación con prácticas performativas (danza, performance, teatro...)» (Sedeño-Valdellós, 2019).

El campo de la videoescena que aquí se describe nace de esta voluntad investigadora, que necesita de una diferenciación de una forma o práctica. Como tal se reconoce una similar forma de interacción entre el componente escénico-corporal y el audiovisual. Y de hecho al igual que los visuales en directo, el *videomapping* o la *videoperformance* y videodanza, la videoescena necesita de una similar experimentación artística como «proceso en y por el cual el artista (individual o colectivo) establece una voluntad o intencionalidad expresiva a los fines de explorar, observar, e interpretar el empleo no tradicional (manipulación creadora que se distancia de la mera reproducción) de materiales, técnicas y procedimientos cuyo resultado es al menos triple: la obra artística; el sujeto creador transformado en ese proceso; y el avance, en función del conocimiento generado, de la disciplina artística o en ocasiones, del campo artístico en general (Siragusa, 2013, p. 181).

Con videoescena, se da nombre a un campo de experimentación con materialidad vídeo en su aplicación a las artes vivas y performáticas. En este sentido, una definición de videoescena procedente de José Manuel Teira Alcaraz (2020b) dice: «Hablamos de audiovisual escénico, vídeo escénico o videoescena para referirnos a cualquier manifestación del vídeo, con o sin sonido, interactiva o no, en el teatro, que como el resto de elementos plásticos y sonoros, debe integrar un fin dramatúrgico, consolidándose en la dramaturgia global de la puesta en escena» (Teira Alcaraz, 2020b, p. 141).

Por su parte Martínez destaca como componente más del hecho escénico:

«Llamamos videoescena al uso de los audiovisuales en las artes escénicas, es por ende una herramienta más de significación a merced del diseño de puesta en escena que el director tiene a su disposición para elaborar un espectáculo en combinación con las demás herramientas: escenografía, vestuario, espacio sonoro, iluminación...» (Martínez, 2018, p. 173).

Los resultados que se pueden comprobar en el ámbito de la videoescena en los últimos años permiten afirmar el esfuerzo de los creadores videoescénicos por integrarse en los equipos de producción y montaje de las obras de teatro. En esta tarea hay mucho de lucha por hacerse un hueco, por diferenciarse de otros elementos escénicos como la iluminación y la escenografía, así como por encontrar formas de adaptarse a las solicitudes de los creadores. En este sentido, no solo debe dar respuesta a las necesidades de contenido de la obra, sino que como ocurre en otras modalidades de performance audiovisual, crea su propio sistema que debe adecuarse y dar respuesta a las preguntas o problemáticas creativas, como ocurre en el *live cinema*, el *videomapping* y otras prácticas: así «El artista no presenta tanto su propia actuación física como intérprete del material que ha compuesto, sino que presenta su máquina, su dispositivo, como núcleo conceptual de su propuesta (Munarriz Ortiz, 2011, p. 8). El contexto en que se va a ubicar el vídeo requiere de similar esfuerzo, dedicación... como el propio contenido generado: esto es, que lo técnico/formal y el contenido en sí necesitan de un tratamiento paralelo y son indisolubles a la participación artística del vídeo en una obra teatral.

1.3. Tipos de relación audiovisuales/escena

La videoescena es una práctica que surge de las experimentaciones de intermedialidad y relaciones interartes desde las vanguardias. En ese sentido puede ser considerada una forma de videocreación o modalidad videoartística, en tanto se trata de una modalidad específica con materialidad analógica primero, digital después, del vídeo bajo el auspicio y objetivo experimental (Palacio Enríquez, 2022).

El debate de lo que la videoescena aporta a la representación en el teatro apunta a preguntas fundamentales sobre la construcción de la recepción. Sus componentes, la narración, los personajes, el tiempo y el espacio dramáticos y escénicos pueden ser transformados por la inclusión de dispositivos tecnológicos como pantallas, pero también hace que cambie la relación con el espectador.

La relación entre vídeo y teatro puede darse en términos de sustitución, como teatro multimedia, donde la obra incorpora cualquier tipo de audiovisuales (Giesekam, 2007, p. 8), pero es en la intermedialidad (Lesage, 2008) donde el teatro es medio contenedor de los otros medios, hipermedio o convergencia total de las artes, a través de la inclusión de otros lenguajes manteniendo su especificidad (Grande Rosales y Sánchez Montes, 2016).

Esta intermedialidad puede producirse como sintética (fusión de lenguajes), intermedialidad transmedia (que moviliza medios de variados códigos) o intermedialidad transformacional con trasvase de un medio a otro (Abuín, 2008). La centralidad del concepto espacial para la intermedialidad es subrayado por Bay-Cheng *et al.* (2010), tanto que hace posible el espacio remediado (donde lo teatral se divide en multitud de capas formadas por otros dispositivos tecnológicos) y el espacio distribuido, donde toda la obra teatral es transformada por su apertura a otros materiales, y se produce la mutación donde la narrativa se desplaza a la periferia y es la dramaturgia visual la que se coloca en el centro, como propuesta de mundo, que sustituye a la anterior como relación con el espectador.

Tanto Provencio (2019) como Teira Alcaraz (2020b; 2020a; 2021) describen las formas en que el vídeo se integra como parte intrínseca de lo escénico, en lo que se llama intermedialidad, alcanzando tal unión que en ello se basa el fundamento de la obra de teatro, o lo que se conoce en teatro como núcleo de convicción dramática. El acercamiento más completo a tipos de videoescena es el realizado por José Manuel Teira Alcaraz (2020b) en su diferenciación entre multimedialidad, remediación o intermedialidad (teatro intermedia), por las repercusiones diversas que cada forma tiene respecto a la concepción convencional de la manifestación escénica.

En el teatro multimedia, el vídeo es empleado con una funcionalidad ocasional y dispersa: enriquece la puesta en escena incluso cuando no se encuentra totalmente integrado en la representación, con un carácter objetual de la misma pantalla que puede estar en forma de monitor, en forma de luz proyectada o proyección básica en diversos formatos. Así, en el teatro multimedia el hecho escénico, que incorpora un elemento tecnológico y audiovisual con la propuesta dramatúrgica, seguiría funcionando si se eliminase el monitor, la pantalla o la simple luz que genera una imagen.

Por contra, en el teatro intermedia, obligatoriamente los elementos audiovisuales están unidos a la propuesta dramatúrgica del director. Por tanto en el primer caso, el motivo no necesita una concreción e interacción con los demás elementos dramáticos; el segundo se ve condicionado por esta interrelación. En ello vemos solo una diferencia de grado de adaptación del elemento en la praxis escénica.

En la intermedialidad, el uso y composición medio videográfico/medio escénico es inherente al núcleo de convicción dramática, creando un diálogo de forma equilibrada pero complementaria de manera que el evento sería imposible de concebir en su presentación si no fuese por este encuentro. Kattenbelt habla de una redefinición de «los medios que están influyéndose entre sí, lo que a su vez deriva en una percepción refrescada» (Abuín, 2008, p. 25). Un ejemplo es el *live cinema show* —generación de imagen en tiempo real—, sobre los que se volverá más tarde.

La remediación, como influencia del aporte a la teoría cultural de Bolter y Grusin, es «la lógica formal mediante la cual un medio busca reproducir o representar a otro medio» (Bolter y Grusin, 2000, p. 45) y tiene dos formas, la hipermediación evidencia un medio en otro y la inmediación lo diluye (Abuín, 2008, p. 36; Teira Alcaraz, 2020b). Por su lado, la escena remediadora (Zorita-Gutiérrez, 2020) desarrolla esta idea aunque se define como la de la coexistencia de los performers y los espectadores, donde el espacio acoge todo tipo de medios aunque mantiene el protagonismo del escenario.

Para López Antuñano (2014, p. 17), estructurar una obra escénica a través de la visualidad supone la intervención de un texto, su adaptación completa, que afecta no sólo a la fábula y al tema, sino también a los personajes, la estructura y el lenguaje con el fin de construir una nueva pieza donde es posible que dicha trama central y las relaciones entre los personajes sean más o menos reconocibles, pero no necesariamente se mantengan. Para su legitimidad el nuevo texto dramático acomodado para su representación sobre la escena debe responder a una propuesta fundamentada y coherente que parta del estudio del texto fuente, manteniendo unos claros puentes de analogía con el mundo contemporáneo y poseer en si misma homogeneidad, coherencia y verosimilitud, a pesar del alejamiento de la fábula original. Existen muchos métodos para esto, como la deconstrucción del texto o la búsqueda de relaciones intertextuales en otros textos, pero es la intervención sinestésica la que mejor se adapta al teatro como multimedia o hipermedia, es decir, aquel que parte de un texto fuente —no necesariamente dramático— y que hace uso del lenguaje audiovisual en la comunicación con el espectador. Se trataría de la traslación de partes de un texto escrito a otros lenguajes, relacionados con la plástica: la conversión de un texto en espacio escénico y de iluminación significantes en sí mismos, que emplacen el sentido de un texto por un conjunto de sensaciones (Entrevista con Diego Palacio Enríquez, 2022).

Montes Rodríguez (2021a; 2022) realiza un análisis exhaustivo de la enunciación audiovisual en su interacción con el tiempo, el espacio y el personaje, a través de, por un lado, una primera revisión sistemática de la pantalla como lugar audiovisual en las obras escénicas. El autor también describe la relación escena y vídeo como una convergencia (Montes Rodríguez, 2020), o en términos de puerta videoescénica (Montes Rodríguez, 2021a), con un efecto sobre la naturaleza espacial de la obra teatral, en el lugar específico en el que conmina al espectador. Las pantallas y cámaras presentes y protagonistas en la obra videoescénica permiten el multiperspectivismo, abren los límites espaciales a otras formas de la simultaneidad y sucesividad, la fragmentación y la multiplicidad y por tanto alterando los grados de representación. En la obra videoescénica se produce una doble ruptura: de los límites espaciales y de la focalización teatral: «La incorporación de la proyección hace que se desborden sus límites, dando lugar a la proyección de realidades espaciales externas, registradas en otro tiempo o en directo, procedentes de lugares ajenos al escenario, pero presentadas en el aquí y ahora del hecho teatral» (Montes Rodríguez, 2021b, p. 106).

Por su parte, Escobar Ramírez (2024) habla de una función expansiva del espacio escénico y del tiempo escénico por el vídeo: la primera afecta en la medida en que si se produce con una gran fiabilidad y definición, la imagen proyectada puede hacer olvidar al espectador que está asistiendo a un montaje teatral, con lo que se produce una negación del medio o inmediación. Lo contrario sería su utilización explícita o hipermediación, donde el dispositivo videográfico se queda con la atención prioritaria del espectador: «en la competencia entre la imagen fílmica y el cuerpo `real` del actor vivo, el espectador no necesariamente elige lo vivo contra lo inanimado, ¡todo lo contrario!» (Pavis, 2015, p. 201). Esta realidad es conocida por la mayoría de los directores de escena y videoescenistas, y su falta de control puede ser un problema o convertirse en un recurso escénico más.

1.4. Conclusiones

Como elemento desencadenante de fórmulas de creación de dramaturgia visual, el vídeo para la escena es un campo interdependiente de las artes de la performance, el teatro y el audiovisual. Ha sido parte del lenguaje teatral desde los años setenta, donde se incorporó seguramente como consecuencia del efecto del giro performativo de las artes y la creación cultural. Más tarde, la cibercultura y el desarrollo de las tecnologías se sumaron a la renovación estética a partir de la que el teatro se ha terminado de formar como medio y arte contenedor que acoge otras manifestaciones. En la actualidad, el paradigma del llamado teatro postdramático abarca todas las posibilidades en la que lo escénico se pliega a una dramaturgia renovada, que tiene en lo visual su herramienta más flexible para ir más allá de la textualidad de las obras escritas.

La dramaturgia visual en formato vídeo o videoescena es el uso de los visuales en teatro en todas sus posibilidades de interacción e hibridación de materiales, con el que se justifica su enfoque individualizado por su creciente interés en la producción teatral contemporánea. Incluye tanto los dispositivos de captura sobre la escena (*live cinema* de Kattie Mittchell), los diversos materiales/tejidos para proyección, —la pantalla como espacio de experimentación y proyección misma— y los diversos aparatos que pueden actuar como monitor.

Este territorio fructífero se amplía conforme se incluyen dispositivos y herramientas de inteligencia artificial. Por su capacidad para interconectar lugares y tiempos del drama, la videoescena puede servir para llevar adelante proyectos trasdisciplinares, pues aglutina de manera conjunta dos modos de representación, la dramática y la audiovisual, y ello tiene multitud de posibilidades tanto de aplicación de tecnologías como para seguir reflexionando sobre el papel de las prácticas artísticas en la sociedad.

Retos futuros se encuentran en la investigación sobre las posibilidades del vídeo en relación con la creación de mundos inmersivos, las propuestas de realidad virtual y 360°, la virtualización de personajes y la creación de niveles dramáticos en interacción o mediante sensores.

1.5. Referencias bibliográficas

ABUÍN, A., «Teatro y nuevas tecnologías: conceptos básicos», *Signa*, 17, 2008, pp. 29-56.

BARBA RODRÍGUEZ, D., «La digitalización del espacio escenográfico en la Fura dels Baus. De la calle al espectáculo digital», *Artnodes*, 2024, p. 33, https://doi.org/10.7238/artnodes.v0i33.416516

BAY-CHENG, S., *et al. Mapping intermediality in performance*, Amsterdam University Press, 2010.

BLAIS, J., *Dispositif interactiv et ecriture scénique: l´acteur au coeur de l´activité intermédiatique*, 2019, [Maestría en Teatro, Quebec: Université du Québec a Montreal] https://archipel.uqam.ca/12853/1/M16069.pdf

BOLTER, J. D. y GRUSIN, R., *Remediation, understanding New Media*, Mit Press paperback edition, 2000.

CAUSEY, M., *Theatre and performance in digital culture: from simulation to embeddedness*, Routledge, 2006.

DIXON, S., *Digital performance: a history of new media in theater, dance, performance art, and installation*, Routledge, 2007.

Entrevista en profundidad a Diego Palacio Enríquez, 2022.

ESCOBAR RAMÍREZ, W., «La escena remediada: hipermediación e inmedicaicón en dos performance del teatro latinoamericano del siglo XXI», *Alpha: Revista de artes, letas y filosofía,* 2(57), 2014, pp. 169-181, https://doi.org/10.32735/S0718-22012023000573283

GIESEKAM, G., *Staging the screen*, Palgrave Macmillan, 2007.

GRIFFERO, S. R., «La cinematificación de la escena» en F. Toro (ed.) *Acercamientos al teatro actual (1970-1995)*, Iberoamericana Editorial Vervuert, 1998, pp. 243-253.

FERAL, J., *Pratiques performatives: Body Remix*. Presses universitaires de Rennes/ Presses de l'Université du Québec, 2012.

GIANNACHI, G., *Virtual theatres*. Routledge, 2004.

GRANDE ROSALES, M. A. y SANCHEZ MONTES, M. J., «Posibilidades de un teatro transmedia», *Artnodes*, 2018, http://dx.doi.org/10.7238/a.v0i18.3047

HAASE, M., *Envers une dramaturgie visuelle: l'hybridation des arts du spectacle et des arts plastiques*, 2015, [Tesis doctoral, Université Paris 1 - Panthéon-Sorbonne UFR 4 de l'art et des sciences de l'art], https://dumas.ccsd.cnrs.fr/dumas-01254124v1

HADJIOANNOU, M. y RODOSTHENOUS, G., «In between stage and screen: The intermedial in Katie Mitchell's…some trace of her», *International Journal of Performance Arts and Digital Media,* 7(1), 2011, pp. 43-59, https://doi.org/10.1386/padm.7.1.43

HORMIGÓN, J. A., *Trabajo dramatúrgico y puesta en escena*, Publicaciones de la Asociación de Directores de Escena de España, 2.ª ed., vol. 1, 2002.

IGLESIAS SIMÓN, P., «Tentativas para una sistematización del uso del audiovisual en la puesta en escena», *Acotaciones Revista de Investigación Teatral*, 20, 2008, pp. 47-82.

KATTENBELT, C., «Intermediality in Theatre and performance. Definitions, Perceptions and Medial Relationships». *Culture, Language and Representation*, VI, 2008, pp. 19-29.

KIRBY, M., «On acting and not-acting», *The Drama Review*, 16, 1, 1972, pp. 3-15.

KJORLNER, T. y SZATKOWSKI, J., «Dramaturgia en la construcción de actuaciones multimedia: Diseñar y analizar», *Productions Methods,* 2003, pp. 125-148, Springer https://link.springer.com/chapter/10.1007/978-1-4471-0063-8

KLICH, R. y SCHEER, E., *Multimedia Performance*, London: Bloomsbury Academic, 2012.

LEHMANN, H., *Teatro posdramático*. Paso de Gato/Cendeac, 2011.

LESAGE, M. C., «Théâtre et intermédialité: des œuvres scéniques protéiformes», *Communications*, 2008, p. 146.

LÓPEZ ANTUÑANO, J. G., «Los audiovisuales en su función coadyuvante o vehicular: una aproximación», *Teatro: Revista de Estudios Escénicos / A Journal of Theater Studies,*34(2), 2002, https://digitalcommons.conncoll.edu/teatro/vol34/iss1/2

LUNA, Á., «Videoescena, el intruso transversal», *Revista ADE-Teatro*, 166, 2016, pp. 113-118.

MARTÍNEZ, D., «Videoescena en la dirección escénica (I)», *ADE-Teatro,* 173, 2018, pp. 173-181.

MONTES RODRÍGUEZ, G., «Videoescena. La convergencia de dos modos de representación», *X Congreso Universitario Internacional sobre Contenidos, Investigación, Innovación y Docencia: (CUICIID 2020)*, 2020, Fórum Internacional de Comunicación y Relaciones públicas (Fórum X), https://dialnet.unirioja.es/servlet/articulo?-codigo=7978271

MONTES RODRIGUEZ, G., «La puerta videoescénica: Análisis de la interacción del espacio escénico y audiovisual en tres obras híbridas», *Fonseca, Journal of Communication*, 23, 2021a, pp. 89-108, https://doi.org/10.14201/fjc20212389108

MONTES RODRÍGUEZ, G., «Comunicación videoescénica: la enunciación audiovisual en el teatro», *RAEIC, Revista de la Asociación Española de Investigación de la Comunicación*, 8(15), 2021b, pp. 94-118. https://doi.org/10.24137/raeic.8.15.5

MONTES RODRÍGUEZ, G., «Mundo posible y poiesis videoescenica», *Alpha (Osorno)*, 55, 2022, pp. 169-191. https://dx.doi.org/10.32735/s0718-22012022000551098

MUNARRIZ ORTIZ, J., «Performance audiovisual: la convergencia en el tiempo real», 2011, *Accessos*, https://www.accesos.info/assets/accesos_n_03.pdf

NASSIMBENI, F., *Picture-making through performance - experiments in visual dramaturgy*, University of Cape Town, 2017, https://open.uct.ac.za/items/053e0944-3114-4553-844c-54eb675223a6

OLISZEWSKI, A. y FINE, D., *Digital media, projection design and Tecnhology for theatre*, Focal Pres, 2018.

PALACIO ENRÍQUEZ, D., «Del videojockey al videoescenista. Evolución concertada: tecnologia y concepto», *Teatro: Revista de Estudios escénicos/a journal of theater studies*, 34, 3, 2022, https://digitalcommons.conncoll.edu/teatro/vol34/iss1/3

PARKER-STARBUCK, J., *Cyborg Theatre: Corporeal/Technological Intersections in Multimedia Performance,* Palgrave Macmillan, 2011.

PAVIS, P., *La puesta en escena contemporánea. Orígenes, tendencias y perspectivas*, Universidad de Murcia, 2015.

PAVIS, P., *El análisis de los espectáculos*, Paidós, 2018.

PEARCE, W. D., *et al.* «Visual Dramaturgy: Problem Solver or Problem Maker in Contemporary Performance Creation», *Theatre/Practice: The Online Journal of the Practice/ Production Symposium of the Mid America Theatre Conference,* 7, 2018, https://theatrepractice.us/pdfs/ Pearce%20et%20al_Visual%20Dramaturgy.pdf

PROVENCIO, J., «Dramaturgias intermediales en el teatro español del siglo XXXI: el caso de Agrupación Señor Serrano», en M. Rial Molanes y I. Reck (eds.), *Última transmisión. Teatro hispánico en los inicios del siglo XXI: hibrideces, transgresiones, compromiso y disenso,* Visor, 2019, pp. 425-432.

RADULESCU, C., «From Dramatic Text to Visual Dramaturgy», *Colocvii teatrale,* 27, 2019, pp. 149-162. https://www. ceeol.com/search/article-detail?id=812045

RUESGA, J., «Metodología de la plástica escénica. La producción artística», *Anagnórisis,* 4, 2011, pp. 88-109, http:// anagnorisis.es/pdfs/num4.pdf

SALTER, C., *Entangled: Technology and the Transformation of Performance,* The MIT Press, 2010, https://doi. org/10.7551/mitpress/9780262195881.001.0001

SCHECHNER, R., *Performance Studies: an introduction,* Routledge, 2006.

SIRAGUSA, C. A., «Pedagogía (de la) (en) experimentación: reflexiones acerca de la enseñanza de la investigación/ creación audiovisual», *Toma Uno,* 2, 2013, pp. 177-188.

TEIRA ALCARAZ, J. M., «El audiovisual en escena: del teatro multimedia al teatro intermedia a través de la videoescena», *Actio Nova,* 4, 2020b, pp. 129-165.

TEIRA ALCARAZ, J. M., «Hacia un análisis de la función dramatúrgica de la videoescena», *Acotaciones,* 45, 2020a, pp. 291-322.

TEIRA ALCARAZ, J. M. «Recursos videoescénicos en la dramatrgia intermedial», *Caracol,* 22, 2021a, pp. 254-285. https://doi.org/10.11606/issn.2317-9651.i22p254-285

THENON, L. «El cartero de Londres», *ADE-Teatro*, 106, 2005, pp. 85-96.

TIMPLALEXI, E. «Theatre in Transition: Lars Elleström's Media Modalities and the Rise of Video Theatre», *Critical Arts*, 2023, pp. 1-24.

TURNER, C. y BEHRNDT S. K. *Dramaturgy and performance*, Palgrave and Mcmillan, 2006.

ZORITA-AGUIRRE, I. «Mutaciones del espacio escénico en la era digital», *Arte, Individuo y Sociedad,* 32(2), 2020, pp. 503-518, https://doi.org/10.5209/aris.65437

2

ECOSISTEMA INTERACTIVO PARA LA VIRTUALIZACIÓN ESCÉNICA CON NUEVOS MEDIOS DIGITALES

Juan Pedro Ramírez
Universidad de Málaga

2.1. Introducción. Dispositivo videoescénico para una representación de una obra de microteatro titulado *Yo soy Godot*

El siguiente trabajo expone un caso de investigación y creación en forma de obra escénica donde se emplean técnicas de audio-reactividad y el uso de software especializado como Touchdesigner y Millumin. Se trata de la creación de un dispositivo interactivo, multimedial e intermedial, para la obra *Yo soy Godot,* adaptación experimental de microteatro basada en un fragmento de *Esperando a Godot* de Samuel Beckett, reinterpretada desde una perspectiva contemporánea donde los conceptos de virtualidad, intermedialidad e interactividad están presentes a través de diferentes mecanismos basados en medios digitales. La propuesta sitúa a los personajes originales, Vladimir y Estragón, en un «no lugar» indefinido, característico del universo beckettiano, pero introduce una variación significativa: la aparición de una entidad que interactúa con Vladimir en una especie de realidad paralela cuyos rasgos andan entre lo divino y las Inteligencias Artificiales y que responde al nombre de Godot.

La complejidad de los softwares elegidos para la creación de los procesos virtuales es muy elevada, por lo que la metodología de investigación creación ha necesitado de un período de formación anterior. A continuación, se presenta el marco teórico que sustenta la investigación, donde se revisan los principales referentes y conceptos relacionados con la interactividad, la intermedialidad y la incorporación de medios digitales en las artes escénicas. Posteriormente, se desarrolla el diseño del dispositivo escénico y la metodología empleada en la construcción del ecosistema virtual, para finalmente analizar los resultados y extraer conclusiones acerca del proceso creativo, las implicaciones técnicas y las proyecciones futuras del proyecto. Esta estructura busca articular un recorrido progresivo desde la fundamentación teórica hasta la aplicación práctica, poniendo en diálogo los principios conceptuales con la experiencia escénica resultante.

2.2. Marco teórico y estado de la cuestión

Uno de los grandes estudiosos a nivel internacional sobre la historia de los nuevos medios en las artes escénicas e instalaciones es Steve Dixon, con su libro *Digital Performance: A History of New Media in Theatre, Dance, Performance Art, and Installation,* gracias a esta referencia podemos trazar una línea temporal que nos permite ver antecedentes que han supuesto un cambio evolutivo en cuestión de remediación, desde el Deux ex machina de la antigua Grecia a Wagner con su Gesamtkunstwerk, pasando por los movimientos futuristas y las vanguardias del s. XX para dar un giro esta evolución en 1960 con movimientos artísticos como la Black Mountain College y el Living Theatre, todo esto nos llevará a otros autores y movimientos cuyas aplicaciones tecnológicas fueron producidas más tarde durante todo el periodo postmoderno donde conceptos como la interdisciplinariedad, la transdisciplinariedad y la intermedialidad y el multimedia se mezclan en forma de arte híbrido.

En su artículo, *Teatro y nuevas tecnologías: Conceptos básicos* (2008), Anxo Abuín González pone su atención en las nuevas tecnologías de carácter digital y pone de manifiesto que estas tecnologías ocupan un lugar cada vez más importante dentro de las artes escénicas. Anxo Abuín, analiza en su artículo dos conceptos que son fundamentales a la hora estudiar la relación que existe entre teatro y nuevas tecnologías que son: Interactividad e intermedialidad.

El hecho de que una obra teatral incorpore elementos interactivos no implica que sea «más teatro» o «mejor teatro» que una representación tradicional; simplemente expande las vías posibles de relación entre escena y espectador. La introducción de tecnologías digitales en el espacio teatral transforma la dinámica escénica en un diálogo entre el intérprete humano y el sistema informático. Esta interacción desplaza los conceptos clásicos de autoría y control, otorgando a la máquina un papel activo en la generación del acontecimiento escénico, tal como subrayan tanto Abuín González (2008) como Dixon (2007), quien analiza cómo los sistemas digitales introducen imprevisibilidad y multivocalidad en el desarrollo de la obra.

En el análisis de los modelos de interacción en el teatro digital contemporáneo, Abuín González (2008) distingue tres formas principales de relación entre máquina, artista y público. El primer modelo establece una interacción directa entre el artista y el sistema informático, donde el performer manipula dispositivos digitales o recibe respuestas de entornos virtuales en tiempo real. En el segundo modelo, el público se convierte en el principal agente de interacción, modificando aspectos del espacio escénico o del comportamiento de los elementos digitales a través de interfaces o sensores. Finalmente, el tercer modelo plantea una interacción triangular entre artista, máquina y público, en la que tanto el intérprete como los espectadores influyen simultáneamente en el desarrollo del evento escénico mediante mecanismos tecnológicos, configurando así un proceso creativo colectivo y dinámico.

El fenómeno tecnológico está impulsado a su vez por las nuevas creaciones y la capacidad que alberga el teatro para incorporar todo lo nuevo y desafiarse a sí mismo posicionándose como un hipermedio capaz de contener de manera potencial los demás medios, como señala Kattenbelt (2008, p. 23). En concreto el teatro y la performance art, tiene facilidad para absorber todos los medios, técnicas y disciplinas sin perder su entidad como forma de expresión artística. Así, el avance de los medios digitales ha transformado el teatro contemporáneo, permitiendo la incorporación de elementos virtuales e intermediales en escena. La interactividad y la intermedialidad han abierto nuevas posibilidades narrativas y estéticas, dando lugar a experiencias escénicas híbridas en las que actores, imágenes digitales y tecnología coexisten en un mismo espacio performativo.

2.3. Problema de investigación y génesis de este caso de videoescena performativa. Coherencia entre dramaturgia y empleo de técnica de nuevos medios digitales

Desde hace tiempo me interesaba explorar cómo podría representarse en escena la interacción entre un actor humano y un ente virtual, no como una fantasía futurista de ciencia ficción, sino como un acontecimiento sensible, inmediato y teatral.

Un día, viendo el capítulo «Godfellas» de Futurama, donde Bender, el robot, acaba flotando en el espacio y entabla un diálogo con una especie de Inteligencia Divina, surgió una chispa: ¿y si un personaje teatral viviera una experiencia similar? ¿Qué pasaría si en plena escena, en un contexto teatral clásico, un actor real pudiera interactuar con una entidad que no es visible en carne y hueso, pero que existe en tiempo real ante sus ojos?

Esa idea inicial se instaló rápidamente en torno a lo conceptual: no se trataba sólo de representar una IA, sino de crear la ilusión viva de una presencia artificial superior con la que un actor pudiera dialogar en escena. No se sabía aún cómo lo resolvería técnicamente, pero la semilla estaba plantada.

Después, reflexionando sobre qué universo dramático podría acoger esta situación, recordé el lenguaje que utiliza Samuel Beckett en el teatro del absurdo, y en particular en la obra Esperando a Godot. La obra ya plantea, en su trasfondo existencialista, la espera incesante de dos personajes por un «Godot» inalcanzable, que muchas lecturas interpretan como una alegoría de Dios, o del sentido de la vida misma.

En ese momento, todo encajó, Vladimir sería Bender, atrapado en su espera interminable, el cual, tras un accidente tragicómico después de atragantarse con la famosa zanahoria, accede a una parte de su universo donde se encuentra de repente con un personaje llamado Godot que se manifiesta, no como un ser humano, sino como una Inteligencia Artificial Divina, proyectada ante él.

A partir de ahí, surgieron las primeras preguntas esenciales que debía empezar a resolver: ¿Cómo podría escénicamente construir una presencia de IA que no parezca simplemente un efecto especial, sino que tenga peso dramático real? ¿Qué tipo de lenguaje visual podría usar para representar esa entidad? ¿Debería la entidad hablar? ¿Responder? ¿O simplemente emitir señales, imágenes, modulaciones en respuesta a la voz humana? ¿Qué tecnologías disponibles podría utilizar para lograr que la respuesta del ente virtual sea en vivo, sensible a la acción del actor?

En este punto, estaba clara la idea dramática y el cruce conceptual entre el absurdo de Beckett y el que Matt Groening utiliza en *Futurama*, pero aún quedaba todo un entramado de decisiones estéticas, técnicas y escénicas por resolver.

Se optó por adaptar también parte del guion original de la escena en la que Bender, el robot, habla con la Inteligencia Divina. La elección de adaptar fragmentos de ese diálogo no fue arbitraria. El encuentro de Bender con la IA plantea cuestiones fundamentales sobre la existencia, el libre albedrío y el sentido de la vida, temas que resuenan profundamente con el trasfondo filosófico de Beckett.

En el momento de la escritura del guión se trabajó con textos de Beckett y de Futurama para construir un diálogo coherente y orgánico entre Vladimir y la proyección de la Inteligencia Artificial Divina (Godot). Y una vez concluido el guion, la atención se desplazó hacia la construcción visual de Godot y la resolución de la puesta en escena. Inevitablemente surgieron nuevas preguntas:

1. ¿Qué aspecto visual debía tener la proyección para sugerir una inteligencia superior?

2. ¿Cómo representar un ente cósmico, inmaterial, que «respira» o «late» al ritmo de la voz humana?

3. ¿Qué formas, colores y dinámicas visuales podrían evocar la sensación de una conciencia cósmica viva?

El personaje de Godot debía ser un campo de energía, una presencia visual cambiante, algo que pueda evocar un cosmos en movimiento perpetuo, sensible al flujo de la voz humana. Aquí se tomó una decisión fundamental, resolver la estética visual, inspirada directamente en el capítulo de Futurama «Godfellas». En ese episodio, la «entidad divina» con la que Bender habla se representa como un cúmulo estelar animado, una figura abstracta, circular, viva, en constante mutación. Esa representación sencilla pero cargada de potencia simbólica me pareció perfecta para mi propuesta teatral. Una forma que no impusiera una lectura demasiado concreta, pero que permitiera reconocer el alma de aquel ente.

La idea central era que el espectador no percibiera la proyección como un simple adorno tecnológico, sino como un ser sensible, una presencia real, una «energía» que interacciona con la vibración de la voz de Vladimir. La tecnología debía estar al servicio de la poética de la escena, no al revés.

Continuando con el desarrollo del dispositivo escénico, el siguiente paso dentro de lo que se empezó a llamar Diseño Conceptual del Ecosistema Interactivo consistió en definir la técnica que permitiría que la imagen proyectada, el ente virtual Godot, pudiera reaccionar de manera sensible al sonido y no fuera una imagen pregrabada que interactúa con el actor. Esto se realizó a través de técnicas de audio-reactividad.

La técnica de audio-reactividad permite que una fuente sonora, como música o voz en vivo, controle y modifique parámetros visuales en tiempo real. El sonido capturado mediante un micrófono o una entrada de línea es procesado por un software especializado, que analiza las frecuencias y amplitudes a través de métodos como la Transformada Rápida de Fourier (FFT), y asigna estos datos a efectos visuales previamente configurados. De esta manera, las imágenes proyectadas no son estáticas, sino que responden dinámicamente al comportamiento sonoro, generando una integración fluida entre lo audible y lo visual (Resolume, n.d.).

El siguiente esquema representa el flujo básico de transformación de la onda sonora en un sistema de visuales audio-reactivos:

A) En primer lugar, la voz humana (procedente del actor o actriz) emite una onda sonora que es captada por un micrófono. Esta señal analógica es enviada al ordenador, la cual se transforma a digital, es decir a lenguaje binario, el lenguaje que entienden los diferentes softwares y el propio ordenador, donde se recibe como una entrada de audio en tiempo real.

B) Los softwares de visuales (por ejemplo, TouchDesigner VDMX, Millumin o Resolume) gestionan esta señal, es decir, los datos, a través de herramientas internas de análisis de audio como Audio Analyzer, FFT (Transformada Rápida de Fourier), y sistemas de medición de amplitud, frecuencia y nivel de energía. Estas herramientas a su vez permiten extraer datos específicos del sonido: picos de volumen, cambios de tonalidad, variaciones de intensidad, etc. Es a partir de este análisis que el software es capaz de traducir los datos extraídos en órdenes que modifican parámetros visuales concretos, como la escala, el color, la posición en los ejes X, Y, Z, la opacidad o la forma en que la imagen es proyectada incluyendo efectos predeterminados. Todo eso se puede hacer de manera programada donde el humano va seleccionando los parámetros, añadiendo automatizaciones en algunos casos o seleccionando alguna opción aleatoria por defecto a través de la cual sería el software quien toma las decisiones de cuándo y cómo se producen los cambios.

C) Finalmente, estos cambios afectan directamente a la visual final proyectada, generando una sensación de que la imagen «late», «respira» o «reacciona» de manera viva al sonido producido por el intérprete.

Este tipo de flujo garantiza una relación orgánica y en tiempo real entre la dimensión sonora y la dimensión visual del espectáculo, reforzando así la ilusión de una presencia virtual sensible e interactiva.

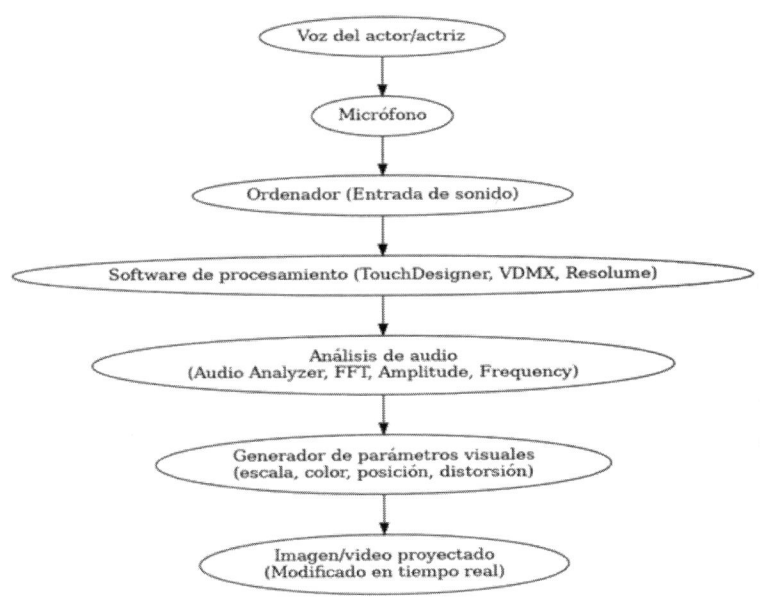

Imagen 1: Esquema de audioreactividad. Elaboración propia.

El objetivo artístico de este flujo no es sólo visual, sino performativo: el personaje digital se presenta como una entidad «viva», que responde a la energía vocal del actor. Esta virtualización no se limita a representar gráficamente una figura, sino que propone un diálogo sensorial en tiempo real entre la voz humana y la forma digital, activando la dimensión emocional del sonido a través del cuerpo visual del avatar.

Al avanzar en el desarrollo del proyecto, a nivel teórico los conceptos estaban asimilados, pero se necesitaba investigar qué programas o plataformas multimedia podrían ajustarse mejor. Se trata de programas que no son simples editores de vídeo, audio o de creación de efectos visuales o especiales, sino que los posibles casos de uso son muy variados, abarcando desde la creación de visuales generativos en tiempo real que reaccionan al sonido o al movimiento, hasta el diseño de instalaciones interactivas que responden a sensores de proximidad, cámaras o dispositivos de seguimiento corporal. Son herramientas que permiten construir desde entornos visuales inmersivos para espectáculos en vivo hasta sistemas de visualización de datos, interfaces personalizadas para performances audiovisuales, escenografías digitales modulables y experiencias de realidad aumentada o mixta. Además, su versatilidad técnica hace posible integrarlos con otras plataformas como Ableton Live, Arduino, Unity o Millumin, ampliando así sus capacidades y permitiendo el diseño de sistemas complejos donde el código, la imagen, el sonido y la interacción se entrelazan como una única arquitectura escénica o narrativa. En definitiva, lo que ofrecen estos programas no es simplemente una colección de efectos, sino un lenguaje creativo con el que es posible concebir y articular obras vivas, reactivas y vinculadas a la sensibilidad de lo digital.

2.4. Software

2.4.1. TouchDesigner como herramienta para la creación del ente virtual

Para la implementación del ecosistema visual interactivo en «Yo soy Godot», la elección del software fue un aspecto crucial. Tras evaluar diversas opciones, se optó por Touch-Designer, un entorno creativo de programación visual que trabaja mediante un sistema de nodos interconectados. Desarrollado por la empresa canadiense Derivative, este software facilita la construcción de flujos interactivos complejos, lo que lo convierte en una herramienta idónea para el desarrollo de experiencias multimedia, performances audiovisuales y proyectos escénicos que requieren una respuesta visual o sonora inmediata. Más que un simple programa de composición gráfica, TouchDesigner actúa como un laboratorio donde arte y tecnología dialogan de manera orgánica, favoreciendo la creación de entornos escénicos vivos y reactivos.

TouchDesigner destaca por su arquitectura modular y su capacidad para integrar múltiples fuentes de datos, como audio, vídeo, sensores y protocolos de comunicación (OSC, MIDI, DMX), facilitando la creación de sistemas complejos sin necesidad de escribir código tradicional. Su enfoque visual permite diseñar y manipular flujos de datos mediante operadores que se conectan entre sí, ofreciendo una representación clara y dinámica del proceso creativo (Derivative, 2025).

En el contexto de este proyecto, TouchDesigner proporcionó las herramientas necesarias para diseñar un ente virtual que reaccionara en tiempo real a las voces de los actores, generando visuales que representan una inteligencia artificial de carácter divino. La flexibilidad del software permitió experimentar con diferentes formas, colores y comportamientos visuales, ajustándose estéticamente a la narrativa y al lenguaje del absurdo presente en la obra. Además, su capacidad para trabajar con audio reactivo fue esencial para lograr que la imagen proyectada respondiera de manera orgánica a las ondas sonoras captadas por el micrófono, creando una interacción fluida entre el actor y la entidad virtual. Esta característica fue determinante para seleccionar TouchDesigner como la herramienta principal en la construcción del ecosistema escénico interactivo de *Yo soy Godot*.

Al comenzar a trabajar en la construcción del personaje virtual de *Yo soy Godot*, supe que necesitaba una herramienta que me permitiera traducir la voz humana en imagen viva. Se eligió TouchDesigner porque ofrecía la posibilidad de trabajar en tiempo real con datos visuales y sonoros (la voz). Touchdesigner te permite renderizar en vivo sin necesidad de exportar el proyecto, lo que encajaba perfectamente con la idea de generar una entidad escénica que no solo respondiera al sonido, sino que existiera a través de él.

TouchDesigner es un entorno completamente distinto a cualquier otro programa que hubiera usado antes. No era un editor de vídeo tradicional, ni tampoco una herramienta de animación o efectos visuales al uso. Era, más bien, una especie de laboratorio visual y sonoro donde todo se construye a partir de cajas funcionales interconectados, como si uno fuera armando una red de funciones paso a paso. Esos bloques o cajas reciben el nombre de operadores, y lo primero que comprendí fue que no todos hacen lo mismo: cada tipo de operador trabaja con un tipo de información diferente, y para orientarte necesitas entender cuáles son esas grandes categorías o «familias» de cajas que estructuran todo el sistema.

Por ejemplo, los operadores que trabajan con imágenes o vídeo en movimiento pertenecen a la familia llamada TOPs. Son los encargados de mostrar lo que ves en pantalla: una textura, una animación, una cámara, un fondo, una imagen distorsionada. Si se desea que una imagen se mueva, que cambie de color, que se superponga a otra, o que se transforme con efectos visuales como un glitch o un desenfoque, lo hago con estos operadores.

Los CHOPs trabajan con valores que modifican el factor tiempo, que permiten que pequeñas corrientes de datos que podían venir del audio, de un sensor, de un movimiento o incluso de un botón, se usasen para controlar cualquier cosa: la escala de una imagen, la intensidad de una luz, la deformación de una geometría. Por ejemplo, si quería que el personaje de Godot se moviera al ritmo de la voz, necesitaría que los CHOPs interpretaran la señal de audio y la tradujera en movimiento.

Los SOPs, por su parte, son los encargados de trabajar con formas en tres dimensiones. Fue gracias a los SOPs que se pudo dar forma al cuerpo digital del personaje: una figura que no es fija ni sólida, sino cambiante, reactiva, viva.

También están los DATs, que manejan información más estructurada, como si fueran hojas de cálculo o líneas de texto. Son muy útiles cuando uno necesita controlar muchos elementos con lógica condicional o incluso con fragmentos de código. Son como la parte más «cerebral» del sistema.

Por último, me familiaricé con los COMPs, que funcionan como un gran contenedor. Un COMP puede tener dentro muchos otros operadores y te permite organizar visualmente lo que estás construyendo. Es como crear una pequeña máquina dentro de otra máquina. Gracias a esto, pude separar en módulos los distintos bloques del proyecto: uno para el personaje, otro para el fondo, otro para la cámara, y así mantener el control de todo sin perderme.

Y claro, si uno quiere que esas formas 3D tengan color, textura o brillo, entran en juego los MATs, que son los materiales. Aquí decides si una superficie parece metálica, plástica, luminosa o transparente. No se trata solo de cómo se ve, sino de cómo se siente visualmente esa presencia en la escena.

A medida que avanzaba en el proyecto, fui entendiendo que TouchDesigner no es tanto una herramienta como un lenguaje escénico, uno en el que imagen, sonido y dato se combinan para crear una dramaturgia propia. No se trata de aprenderlo todo, porque es inabarcable, sino de ir encontrando, como hice yo, el camino mínimo necesario para que lo que imaginas empiece a respirar en pantalla.

Se empezó por crear una forma base, una esfera, a la que se aplicó un ruido procedural con el nodo Noise1, buscando que ese cuerpo reaccionara de forma orgánica al diálogo con Vladimir. El ruido procedural es una técnica que permite generar patrones, texturas o formas de manera algorítmica, es decir, mediante fórmulas matemáticas que no dependen de imágenes prediseñadas o escaneadas, sino que se crean en tiempo real cada vez que el sistema lo necesita. En lugar de cargar una textura fija, el programa «inventa» la textura en ese instante, a través de un conjunto de cálculos que simulan variaciones orgánicas, como si fueran fenómenos naturales: nubes, humo, fuego, terrenos, superficies rugosas o movimiento de fluidos. Se llama «procedural» porque surge a partir de un procedimiento matemático autónomo, y no de una imagen o modelo preexistente (McCormack & Dorin, 2001).

Para que esa deformación tuviera sentido escénico, conecté un nodo Audiofilein a un sistema de análisis (Audio analysis) que me permitía extraer parámetros como la intensidad, las frecuencias y el ritmo del sonido.

Fue en ese momento cuando entendí que la interacción debía ser más que una cuestión técnica: debía ser dramaturgia en sí misma. El personaje digital no podía reaccionar a cualquier sonido, sino únicamente a la voz de quien le correspondía, en este caso la actriz que ponía voz a Godot y que a su vez manejaba todo el dispositivo técnico interactivo. Por eso, se diseñó un sistema de control selectivo, mediante el uso del bypass, que nos permitía activar o desactivar la reactividad del personaje según quién estuviera hablando. Esto garantiza que Godot solo respondiera a su propia voz, y no a la del personaje Vladimir, preservando así la coherencia interna de la escena.

Cada ajuste que hacía, desde el color que variaba con la frecuencia, hasta las ondulaciones que seguían el ritmo de la voz, no eran simples efectos, sino decisiones que afectarían directamente a cómo el público percibirá a Godot: no como una proyección decorativa, sino como una presencia viva y emocional. Y fue ahí donde el proceso se volvió realmente performativo. Me di cuenta de que el código no era una herramienta neutral, sino una escritura escénica a nivel visual. Aunque el objetivo artístico de este flujo no es sólo visual, sino performativo, ya que el personaje digital se presenta como una entidad «viva», que responde a la energía vocal del actor. Esta virtualización no se limita a representar gráficamente una figura, sino que propone un diálogo sensorial en tiempo real entre la voz humana y la forma digital, activando la dimensión emocional del sonido a través del cuerpo visual del avatar.

Los primeros resultados visuales obtenidos a partir de la vinculación entre audio y geometría digital fueron deformaciones dinámicas en el cuerpo del personaje. La esfera utilizada como base reaccionaba en tiempo real a los cambios en la señal de audio, lo que generaba variaciones en su forma que podían percibirse como pulsaciones, vibraciones o desplazamientos suaves en la superficie. Estas deformaciones aportan la sensación de que el personaje respondía físicamente al sonido, dotándolo de una cierta apariencia de vida.

Además, se implementó una transformación cromática en función de los parámetros del audio analizado. El color del personaje variaba según la intensidad o tonalidad de la voz, consiguiendo que en momentos más suaves se oscurecía, mientras que con sonidos potentes los colores se intensificaban o se iluminaban. Este comportamiento visual aportó una dimensión adicional al sistema, permitiendo establecer una relación directa entre la voz y el aspecto visual del personaje en escena.

Para completar el entorno visual del personaje virtual Godot, se integró un vídeo en formato mp4 a través de un contenedor que se llama *moviefilein* que simula una nebulosa cósmica como fondo escénico en el que Godot se superpone. Esta decisión permitió establecer una atmósfera visual coherente con la naturaleza digital del personaje, reforzando la percepción de que este no habita un espacio físico tradicional, sino un entorno abstracto y simulado. Posteriormente la composición fue ajustada en escala y color para integrarse correctamente con el resto de los elementos proyectados en escena.

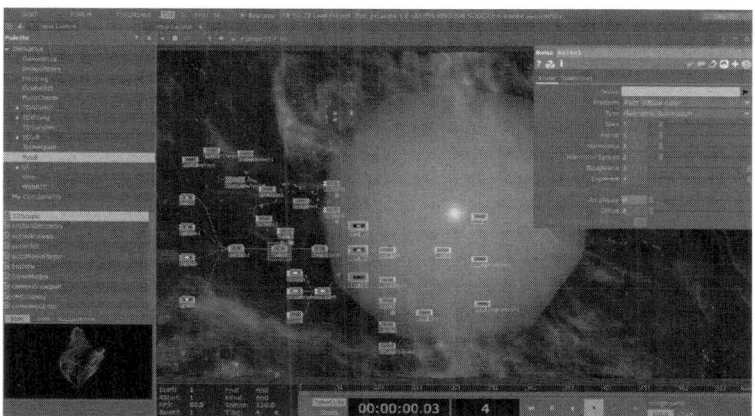

Imagen 2. Proceso creativo y técnico de la obra escénica interactiva «Yo soy Godot». Captura de TouchDesigner.

Una vez estuvo compuesta la escena en TouchDesigner, con el personaje virtual reactivo y un fondo visual integrado, el siguiente paso era sacarla del programa para proyectarla en escena o combinarla con otros elementos visuales y sonoros. Para ello Syphon es una herramienta que permite enviar vídeo en directo de un programa a otro, sin necesidad de grabar o renderizar nada previamente, fundamental para trabajar en tiempo real, con la posibilidad de ajustar y modular el contenido durante el ensayo o incluso en plena función.

En ese punto se hizo necesario un software complementario, uno capaz de recibir esa señal en directo, organizarla por capas, integrar sonidos, automatizar momentos del espectáculo y controlar las distintas escenas o fragmentos proyectados. Este tipo de programa debía funcionar como un centro de control escénico multimedia, donde poder coordinar todos los elementos visuales y sonoros del proyecto. Esto haría crecer el ecosistema multimedia e interactivo anclando TouchDesigner a otra plataforma multimedia que me permitiese de una manera práctica añadir más proyecciones, capas de sonido para crear un ambiente sonoro, y poder disparar en tiempo real cada escena o cada capa. La versatilidad de Millumin como entorno de creación escénica ofrece una vía concreta para conectar la teoría con la práctica, consolidando así una etapa clave en el desarrollo técnico y expresivo de *Yo soy Godot*.

2.4.2. Integración multimedia en Millumin: visualidad proyectada, arquitectura sonora e interacción en tiempo real

En esta sección se detalla el uso del software Millumin como herramienta central de control escénico multimedia en la pieza de micro teatro Yo soy Godot. Este sistema nos permite integrar diferentes capas formadas por elementos audiovisuales, con el fin de crear todo un engranaje de elementos audiovisuales tales como una escenografía multimedia, un ecosistema interactivo, en el cual coexisten, por un lado: 2 actores en escena, una actriz fuera de escena que controla todo el dispositivo digital y además pone voz a Godot en tiempo real alimentando el flujo interactivo proveniente de TouchDesigner y una arquitectura sonora generada con inteligencia artificial. Es decir, Millumin ha sido el eje que nos ha permitido, una coordinación precisa de imágenes, sonidos y dinámicas interactivas en vivo.

Millumin es un software profesional de creación y ejecución de experiencias multimedia interactivas, diseñado especialmente para espectáculos escénicos, instalaciones audiovisuales, danza y teatro. Su entorno permite gestionar múltiples capas de vídeo, sonido, interacción y sincronización con otros programas y protocolos como Syphon, MIDI, OSC y DMX. Según sus desarrolladores: «Millumin is a creative solution for theater, dance, videomapping and interactive installations» (Millumin, 2024).

Mucho antes incluso de la puesta en marcha de *Yo soy Godot*, esta investigación ya había comenzado a abrirse al uso de Millumin gracias a una propuesta personal que les hice a mis compañeros dentro de la asignatura Taller Performativo. Con la intención de avanzar de forma paralela en mi proceso académico y en esta investigación, propuse al grupo de trabajo desarrollar una performance interactiva que integrara proyecciones, automatizaciones, música, efectos sonoros y actuaciones en vivo, todo ello coordinado mediante Millumin como eje central del dispositivo escénico. Mis compañeros aceptaron la propuesta, y tuve la oportunidad de ser el encargado del diseño multimedia del proyecto que permitió explorar a fondo las capacidades del software. Esta experiencia previa fue fundamental para afianzar mis conocimientos, ya que me obligó a desarrollar soluciones concretas y creativas para cada parte del montaje. Los resultados fueron muy positivos, y la interacción entre los distintos medios escénicos logró una cohesión que reforzó mi interés por continuar profundizando en esta línea de trabajo.

La elección de Millumin como plataforma principal para la gestión de los contenidos escénicos digitales en *Yo soy Godot* respondió a una serie de necesidades técnicas y expresivas fundamentales del proyecto. En primer lugar, Millumin permite una integración flexible de proyecciones mediante múltiples capas de vídeo, gráficos y efectos, lo que facilita la construcción de una escenografía digital dinámica y estratificada, capaz de responder a las transformaciones dramáticas del montaje.

Además, su capacidad para automatizar y sincronizar contenidos visuales y sonoros resultó esencial para articular la relación entre la dramaturgia, el diseño sonoro y los estímulos visuales, sin necesidad de recurrir a múltiples softwares paralelos. Uno de los aspectos más decisivos fue su compatibilidad total con TouchDesigner mediante el protocolo Syphon, lo que permitió insertar en directo al personaje virtual Godot como una capa reactiva que responde a los movimientos y acciones del actor en tiempo real.

A nivel sonoro, Millumin también ofreció la posibilidad de control en tiempo real del diseño sonoro previo a la interacción entre el personaje de Godot y Vladimir, incluyendo en esta escena la activación, mezcla y manipulación de efectos de sonido generados por IA, todo ello desde una misma interfaz. Esta capacidad de centralizar y coordinar múltiples niveles de interacción, visual, sonora y dramatúrgica convirtió a Millumin en una herramienta clave dentro del ecosistema escénico del proyecto. Su entorno robusto y específicamente diseñado para contextos de performance en vivo, con alta estabilidad y baja latencia, proporcionó además la seguridad técnica necesaria para ejecutar la obra sin contratiempos, garantizando una experiencia fluida tanto para intérpretes como para espectadores.

En el primer bloque de la pieza, cuando Vladimir y Estragón aún comparten escena físicamente, se optó por añadir una escenografía virtual que debía evocar el paisaje árido y ambiguo de *Esperando a Godot*, reinterpretado en clave digital. Los elementos visuales escogidos fueron: un archivo .mov de un árbol animado en movimiento (movimiento sutil, tipo viento digital). En algunos momentos se decidió añadir un efecto tipo glitch sobre el árbol, utilizando la función de automatización de efectos de capa en Millumin. Además de un fondo visual tipo rejilla 3D holográfica que diese la sensación de un espacio simulado o artificial.

Durante la escena de transición posterior al atragantamiento de Vladimir, tomé la decisión de proyectar un recurso visual de un viaje a través del espacio a gran velocidad, que marca el paso de un plano de existencia superficial a un núcleo digital más profundo.

Este tipo de visual se inspira en la estética del denominado «warp drive», un concepto popularizado por la ciencia ficción, especialmente en la serie *Star Trek*. El término hace referencia a una tecnología hipotética que permitiría a una nave espacial viajar más rápido que la luz curvando el espacio-tiempo (Roddenberry, 1966). Aunque físicamente teórico, el *warp drive* ha sido ampliamente aceptado como convención visual para representar transiciones ultrarrápidas entre dimensiones o lugares remotos (Millis, 2009).

Las representaciones visuales inspiradas en el estilo *warp drive* suelen mostrar al espectador un túnel de estrellas o líneas de luz que se estiran hacia un punto de fuga, generando la sensación de estar siendo absorbido o lanzado a gran velocidad a través del espacio. Este recurso estético busca simular una aceleración extrema y una tracción cósmica que sugiere el paso de un cuerpo, o consciencia, a través de un plano no físico. Para lograr este efecto, se recurre habitualmente a técnicas como el desenfoque radial, el motion blur y la disposición de patrones de luz en fuga, todos ellos elementos que contribuyen a reforzar la percepción de un desplazamiento hiperdimensional. Este tipo de representación no solo aporta espectacularidad estética, sino que, en el contexto de *Yo soy Godot*, actúa como puente simbólico y narrativo que representa el tránsito de Vladimir desde una existencia limitada, una ilusión o maya, como en la filosofía hindú (Eliade, 1969), hacia el núcleo del sistema digital donde reside Godot, la entidad superior interdimensional (Sobchack, 2004).

El uso de Millumin en *Yo soy Godot* permitió una organización clara y flexible del material multimedia, tanto visual como sonoro. El proyecto combina dos modos de trabajo complementarios:

El modo Dashboard (Matriz de Escenas y Capas). En este modo se estructuran las distintas escenas del espectáculo como columnas secuenciales (por ejemplo: 01. ESCENO-GRAFÍA, 02. VIAJE, 03. GODOT, 04. VLADIMIR), y cada una contiene capas verticales que agrupan proyecciones, efectos visuales o clips sonoros específicos. En este sistema es especialmente útil para disparar contenidos en vivo, organizar visuales en bloques conceptuales, activar o desactivar elementos sin necesidad de cortar la línea temporal. A través de Syphon se incorporó la creación virtual de Godot en la escena 3.

El *Modo Timeline* se asemeja a un editor de vídeo como otro cualquiera, utilizado aquí para la creación de las escenas del viaje interestelar o la escenografía con el árbol en movimiento: se ha utilizado el modo Timeline para automatizar la sincronización entre capas de vídeo, efectos de glitch. Este modo permite trabajar con segmentos, curvas y keyframes, ofreciendo control milimétrico sobre los tiempos y transiciones.

En la escena inicial, se proyecta el clip Tree in the Wind.mov sobre un fondo de rejilla 3D holográfica. Como se observa en la línea de tiempo (captura modo timeline1), se aplican automatizaciones tipo FX (glitch sutil) que aparecen de forma intermitente mediante bloques amarillos activados. Una vez que la edición de vídeo está ajustada en el Timeline, el programa crea un recurso nuevo con este Timeline a modo de archivo para que puedas añadir esta nueva edición al dashboard directamente, esto hace que la versatilidad de Millumin sea extrema.

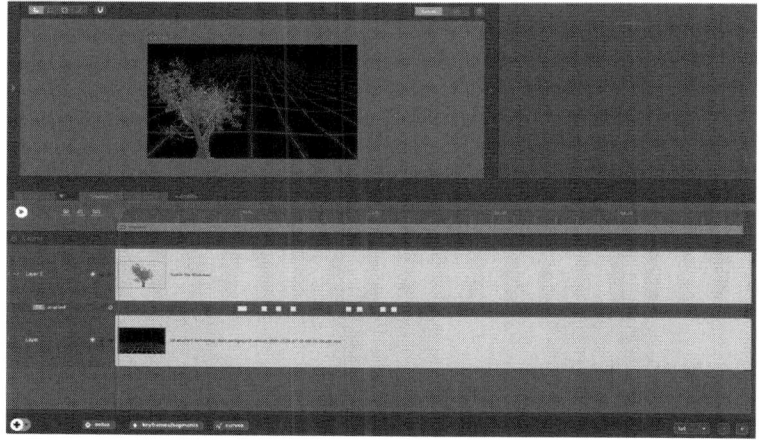

Imagen 3: Proceso creativo y técnico de la obra escénica interactiva «Yo soy Godot». Captura de pantalla Millumin modo timeline 1.

En la siguiente captura de pantalla podemos ver el modo de trabajo dashboard en la que se integran todas las capas audiovisuales junto con la integración de Touchdesigner donde se alberga el dispositivo interactivo, es decir, el personaje de Godot, que se activa cuando la actriz habla como hemos explicado en apartado anterior.

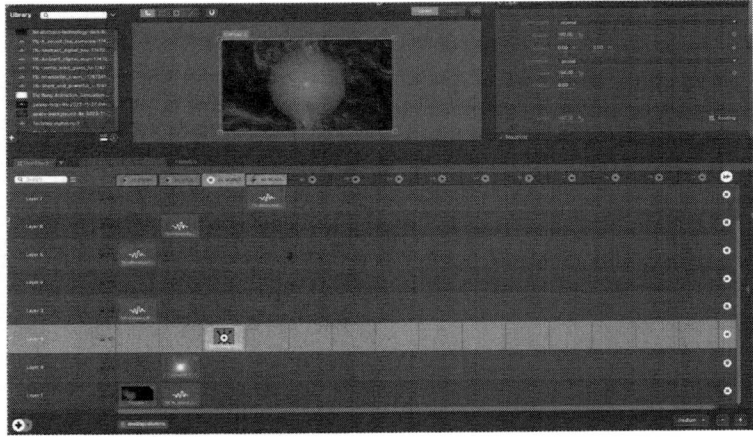

Imagen 4: Proceso creativo y técnico de la obra escénica interactiva «Yo soy Godot». Captura de pantalla Millumin modo dashboard.

Millumin también permite ajustar con precisión la proyección escénica gracias a herramientas de:

1. *Warping*: deformación libre de la imagen para adaptarla a superficies no planas o a escenografías con volumen.

2. *Blending* y corrección de color por capa.

3. Alineación por puntos de control, útil para superponer elementos digitales sobre estructuras físicas reales.

Estas funciones han sido clave para adaptar las proyecciones al espacio escénico real, y lograr una integración visual creíble entre lo proyectado y los performers en escena.

Todos los archivos visuales en formato *.mov* utilizados en la pieza, incluyendo el árbol animado, el fondo de rejilla 3D y la animación del viaje interestelar, han sido adquiridos a través de la plataforma profesional de contenidos digitales Envato Elements, lo cual garantiza la calidad visual, la licencia de uso adecuada y la coherencia estética entre los distintos fragmentos proyectados.

Durante esta parte de la escena se decidió trabajar también el diseño sonoro como una capa fundamental para dar credibilidad y profundidad atmosférica al entorno escénico. Se generaron varios sonidos utilizando inteligencia artificial, concretamente a través de la plataforma ElevenLabs, a partir de distintos prompts que fui desarrollando en fases anteriores del proyecto. Entre los efectos sonoros seleccionados se encontraban un ambiente digital abstracto, un ambiente digital continuo que se mantenía como base sutil y envolvente, y una serie de ráfagas de viento suaves y texturizadas, que ayudaban a construir una sensación espacial más rica. Una vez obtenidos, se importaron los audios como capas independientes en el software de control visual y escénico, donde se integró con automatizaciones que permiten sincronizar su aparición y desvanecimiento en coordinación con las transiciones visuales. Esto reforzó la cohesión entre imagen y sonido, y pudo dar al conjunto una calidad más inmersiva, sin necesidad de intervenir directamente durante la ejecución en vivo.

2.5. Conclusiones

Entre los principales logros del proyecto destaca la implementación funcional de un personaje digital reactivo, proyectado en vivo y en directo a través de TouchDesigner, e
integrado escénicamente mediante Millumin, sincronizado
con efectos sonoros generados con inteligencia artificial.
Esta arquitectura técnica fue compleja, pero resultó esencial para lograr una interacción fluida y significativa, capaz
de sostener la tensión escénica sin caer en lo meramente
espectacular.

Otro de los logros más significativos del proyecto fue la
consolidación de una poética visual y sonora coherente, en la
que la presencia digital no actúa como un mero recurso técnico, sino como una prolongación del cuerpo escénico y de
la energía vocal del intérprete. El personaje virtual adquiere
así una cualidad sensible y reactiva que enriquece la relación
entre lo humano y lo digital, aportando nuevos matices a la
construcción del acontecimiento teatral. Esta experiencia
contribuye a ampliar la reflexión sobre la «presencia digital
sensible» y sus posibilidades dentro de las prácticas escénicas contemporáneas.

Sin embargo, también es necesario reconocer ciertas limitaciones. El tiempo y los recursos disponibles impidieron llevar la integración de sensores de movimiento a un nivel más profundo, y la interacción con el público no fue tan desarrollada como se había propuesto inicialmente. Estos factores han abierto nuevas preguntas y posibilidades que podrían abordarse en una investigación futura, especialmente en torno a la adaptabilidad del personaje virtual a otras dramaturgias y en contextos menos controlados.

En cuanto a su aportación al campo, esta investigación plantea un modelo metodológico aplicable a otros procesos de creación escénica que integren tecnología digital, ofreciendo un enfoque crítico y operativo basado en la práctica. La documentación del proyecto proporciona herramientas y ejemplos que pueden resultar valiosos para artistas, docentes e investigadores interesados en el diálogo entre arte, técnica y experimentación, especialmente en entornos educativos, museísticos o performativos. Sin pretender una innovación radical en el plano técnico, la propuesta demuestra cómo es posible articular teoría y práctica para desarrollar piezas contemporáneas coherentes y viables a partir de los recursos disponibles y de una metodología de investigación-creación sólida.

Finalmente, este trabajo se cierra con una certeza: el arte escénico no necesita necesariamente tecnología, pero cuando esta se usa con sentido, puede abrir nuevos espacios poéticos, nuevos modos de presencia y nuevas formas de dramaturgia. Y ahí, precisamente, radica el valor de esta investigación.

2.6. Referencias bibliográficas

ABUÍN GONZÁLEZ, A., «Teatro y nuevas tecnologías: conceptos básicos», *Signa: Revista de la Asociación Española de Semiótica*, 17, 2008, pp. 29-56.

DERIVATIVE. *TouchDesigner*, 2025, recuperado de https://derivative.ca/

Dixon, S., *Digital Performance: A History of New Media in Theatre, Dance, Performance Art, and Installation*, MIT Press, 2007.

Eliade, M., *El mito del eterno retorno*, Alianza Editorial, 1969.

Kattenbelt, C., «*Intermediality in Theatre and Performance*, in Chapple, F. & Kattenbelt, C. (Eds.), *Intermediality in Theatre and Performance,* Rodopi, 2008, pp. 19-31.

McCormack, J., & Dorin, A., *Art, emergence and the computational sublime*, in *Proceedings of the Second Iteration: A Conference on Generative Systems in the Electronic Arts*, CEMA, 2001, pp. 67-81.

Millumin, *Millumin - Creative solution for theater, dance, videomapping and interactive installations*, 2024, https://www.millumin.com

Millis, M. G., *Warp drive: Propulsion physics beyond the speed of light*, in *Frontiers of Propulsion Science,* AIAA, 2009, pp. 503-530.

Resolume, (n.d.), *4.5 Audio Reactive - Training*. Recuperado el 27 de abril de 2025, https://resolume.com/training/1/11/67

Sobchack, V., *Carnal Thoughts: Embodiment and Moving Image Culture*, University of California Press, 2004.

3.

DIFERENCIAS Y ACERCAMIENTOS ENTRE EL PROCESO DE ESCRITURA PARA TEATRO Y EL PROCESO DE ESCRITURA PARA EL AUDIOVISUAL: APUNTES BÁSICOS

Pablo Díaz Morilla

UNIR, Universidad Internacional de La Rioja
Escuela SOHRLIN Andalucía

3.1. Introducción

Escribir para representar un texto en el ámbito teatral y escribir para representar un texto en el ámbito audiovisual son procesos muy diferenciados a nivel de estrategia creativa para la ejecución y a nivel de concepción del producto final.

A pesar de esta afirmación, son frecuentes las miradas que tanto desde la Academia como desde la opinión general de la sociedad observan similitudes estas dos formas narrativas, de manera que se puede pensar que entre ambas se producen numerosos acercamientos y que en la concepción de ambas escrituras hay zonas que podríamos denominar liminales y que hacen que determinadas concepciones de los procesos se repitan o entrelacen.

Este trabajo pretende realizar una aproximación a las formas en las que estos procesos de escritura se entremezclan y también aquellas formas en las que estos procesos se separan, con el fin de aportar un breve resumen de diferencias y similitudes tanto en su proceso creativo como en su concepción.

La relevancia de la investigación se justifica en base a aportar una mirada a esa diferenciación y similitudes, creativas, narrativas y técnicas, y aportar una visión amplia de las distintas estrategias que configuran ambos tipos de escritura desde el ámbito de la academia.

3.2. El texto teatral

En primer lugar y para partir de una base definitoria clara, debemos indicar que en nuestro país «dramaturgo/a» y «autor de textos teatrales» se utilizan de forma demasiado frecuente como sinónimos, lo que puede ser peligroso de cara a una correcta contextualización. Como recuerda de forma clara Doménech (2016) esta identificación puede llevar a equívocos porque el texto literario no es ni mucho menos la única base para la consecución del hecho teatral, pero parece acordada en el ámbito del teatro nacional esta identificación de términos, que aceptaremos como válida para no extendernos en análisis terminológicos. Baste decir que incluso en el mismo Manual en el que Doménech recuerda esta importante apreciación el reputado ¿dramaturgo? / ¿autor de textos teatrales? Ignacio García May (2016) titula su aportación *Dramaturgia de textos no dramáticos,* incidiendo en que, en el «arte/lenguaje/industria [del teatro] el texto ocupa lugares muy distintos, puede ser esencial o completamente prescindible» (García May, 2016, p. 247).

Esta afirmación tiene que ver también con algunas de las visiones semiológicas más relevantes a nivel académico de cómo el espectador percibe la experiencia teatral. Nos referimos a la clásica de Anne Ubersfeld (1989), para quien cada uno de los elementos visuales y sonoros que aparecen en escena comunica, aportando un significante, o la de Patrice Pavis, que parte de esta base para afirmar sin embargo que la experiencia teatral se produce sobre todo por el modo en que es percibida la representación a ojos de un espectador, fomentando en su análisis la experiencia personal e individual (Pavis, 2015).

Todas estas visiones las aportamos por su enorme relevancia desde el punto de vista semiológico e histórico acerca del hecho teatral, pero nos centraremos para nuestro análisis en la visión, categórica y más limitada, pero no por ello menos acertada, de lo que Féral denomina el texto que pre existe a la representación, que por lo general se presenta por supuesto de forma escrita y sobrevive a la representación, engendrando la posibilidad de múltiples representaciones y opuesto por completo al texto performativo, que es incapaz de separarse de su representación es escena, ni siquiera puede considerarse su autonomía con respecto a la misma (Féral, 2004, p. 108).

Por tanto, alejándonos de corrientes postmodernistas que separan el texto de la obra finalmente representada o bien que defienden la idea de la no necesidad de texto para conseguir el hecho teatral, valoramos para esta investigación que al texto dramático se le presuponga una voluntad de ser puesto en escena, representado, y, más allá de eso, que esta intención sea capaz de apreciarse en el propio texto,

«Partimos, entonces, del presupuesto de que en el texto dramático existen unas matrices de representatividad o teatralidad que hacen posible la escenificación, no existe entonces una dicotomía entre texto, texto dramático y representación escénica de aquel, sino que el texto de una forma u otra está presente en la representación y lo que está presente es esencialmente la réplica/personaje dentro de una estructura coherente cuyos elementos de teatralidad (escenografía, gestualidad, decorado, etc.) son verbales» (De Toro, 2005, p. 87).

3.3. El guion

En una de las definiciones quizás más simples, pero a su vez más efectivas que se haya hecho nunca del concepto guion, el ubicuo Syd Field (1995) mencionaba que un guion no es ni más ni menos que una narración contada en imágenes. En una afirmación tan corta podemos extraer sin embargo dos planteamientos de enorme valor, el primero es la idea de narración. Para un teórico como Aumont (1991), incluso en los casos más extremos de búsqueda de la diferenciación el cine sigue siendo un arte vocacionalmente narrativo, en el sentido de que si quisiéramos considerar un film como totalmente no narrativo, «no debería ser posible reconocer nada en la imagen ni percibir relaciones de tiempo, de sucesión, de causa o de consecuencia entre los planos o los elementos, ya que estas relaciones percibidas conducen inevitablemente a la idea de una transformación imaginaria, de una evolución ficcional regulada por una instancia narrativa» (Aumont *et al.*, 1991, p. 93). El segundo planteamiento es la idea de que, a pesar de que el texto se presenta lógicamente escrito, esta escritura debe estar permanentemente pensada para ser representada a través de imágenes.

3.4. Zonas liminales teatro-cine en los inicios del arte cinematográfico

En nuestro análisis de las diferencias y similitudes de la escritura teatral y la dirigida a la representación audiovisual debemos en primer lugar realizar un recorrido histórico y situarnos en los inicios del cine. En segundo lugar, reflexionar acerca de cómo estos inicios fueron caóticos y desestructurados, lo que provocó que no hubiese una única y clara estrategia a seguir en cuanto a formatos o incluso análisis de las posibilidades. El cine entró como un elefante en una cacharrería dentro de las formas artísticas, culturales y de entretenimiento del siglo XX y la asunción por su parte de un lenguaje propio lógicamente tardó en llegar.

No es extraño, por tanto, que como nos describe a modo de curiosidad Naranjo (2025)[1] Virginia Woolf denominase al cine en sus inicios «arte parasitario», pues tomaba de otros

---

1   Se recomienda la escucha para las personas interesadas en el tema de este capítulo del podcast Diálogos escénicos, en el que los directores de los Másteres de Creación de guiones audiovisuales y Estudios avanzados de Teatro en UNIR, Adrià Naranjo y Diego Palacio, junto con Marga del Hoyo, directora del Área de Arte de la misma Universidad, debaten en tono informal sobre el tema de este capítulo.

artes (el pictórico, la novela, y sobre todo el teatro), aquellas ideas y técnicas que podrían interesarle para su posterior desarrollo.

Ya en el manual de mayor relevancia sobre Historia del cine (titulado precisamente de esa forma) en nuestro país, Gubern (2016) nos recuerda que los distintos avances técnicos que en su conjunción produjeron el cinematógrafo se ocasionaron al tiempo en diversos lugares del mundo de forma casi simultánea, si bien la fortuna y el buen hacer de los Lumière acabó de cerrar esa era primitiva para establecer una fecha definitiva al nacimiento del invento. Nos recuerda también que cada uno de los pioneros del cine primitivo poseía una visión muy distinta de cómo trabajar la narrativa dentro del mismo, o incluso, como los propios Lumière, no tenían nada claras estas posibilidades narrativas del invento (Gubern, 2016), rechazando incluso Louis Lumière de forma explícita el concepto *Mise en scène* a nivel cinematográfico (Iglesias Simón, 2007).

Lo que para algunos pioneros como los hermanos herederos de una fábrica de fotografía era prácticamente un hallazgo técnico sin demasiadas posibilidades para la ficción se convirtió sin embargo para otros muchos en un modo de contar historias a través de un invento, que no aún un lenguaje, totalmente novedoso. Son habituales las referencias a Méliès o a Alice Guy como creadores de un muy primitivo cine narrativo, con la clásica mención a *La Fée aux Choux*, película de Guy de 1896, como primer film que, en primer lugar, adapta un cuento popular, y, en segundo lugar, usa para ello estrategias teatrales. Méliès también realiza diferentes adaptaciones en su primera producción, como por ejemplo *La Cenicienta* (1899), pero más allá del evidente influjo de la literatura sobre el nuevo arte[2] lo realmente rele-

---

2   Sánchez Noriega, en su amplio análisis centrado sobre todo en la adaptación, insiste también en que no sólo es el teatro el que configuró la forma de crear estructuras y estrategias narrativas en el cine, sino que también la novela es una influencia a tener muy en cuenta, principalmente en cuanto a la imitación por parte del cine de procedimientos novelescos como «la vertebración del filme en episodios, la organización del discurso, las descripciones, el punto de vista y la

vante para este capítulo es cómo el cine adopta desde sus primeros años esa condición parasitaria con respecto a la novela en cuanto a los temas y en cuanto al lenguaje teatral como técnica que, de forma algo injusta y poco comprensiva con la juventud del nuevo medio, le atribuía Woolf.

Hueso (2001) hace un recorrido por las principales afecciones del teatro en los primeros años del cine, hasta bien entrada la década de 1900 a 1910, resumiendo en tres influencias capitales la influencia de un arte sobre el otro y determinando que estas tendencias se han mantenido hasta prácticamente la actualidad. Son las siguientes:

- La réplica por parte del cine de las estructuras melodramáticas utilizadas en el teatro.

- La adaptación no sólo en cuanto a las estructuras, sino también en cuanto a las temáticas que triunfaban en las carteleras teatrales estadounidenses y europeas.

- Y por último, la finalidad espectacular del teatro, imitada por el cine desde casi el mismo momento de su nacimiento (Hueso, 2001).

El hecho de que el cine imitase a otros artes se traduce no sólo a un nivel narrativo y no sólo en sus primerísimos años de vida, también la investigación acerca de cómo hacer cine indagaba de forma poco rigurosa en las características propias del medio. Esto lo demuestra Chiarulli (2020) en su exhaustivo análisis de cómo los manuales de referencia sobre cómo escribir guiones audiovisuales de los años dorados del cine de Hollywood tomaron como base la escritura de textos teatrales, y hace una interesante reflexión sobre cómo, desde los inicios del cine, se rechaza la posibilidad de buscar nuevas estructuras que se alejen de las aristotélicas, para utilizarlas también en el ámbito cinematográfico, perpetuando este modo de contar historias también en el cine (Chiarulli, 2020).

---

voz narrativa y el dominio del espacio y el tiempo» (Sánchez Noriega, 2000, p. 34).

Esta cuestión del teatro como influencia capital en el ¿lenguaje? del cine primitivo ha sido en ocasiones sobredimensionada por un alto número de críticos y teóricos, quienes justifican para esta afirmación «la frontalidad y el estatismo de los planos [...], la recurrencia de planos unipuntuales, que hacen corresponder en perfecta homología un tiempo, un espacio y un lugar, centrípetos y autosuficientes, cuyos vectores suelen remitir hacia el interior y no hacia la búsqueda de un plano contiguo» (Gómez García, p. 31).

El dramaturgo y durante largo tiempo director de la RESAD Pablo Iglesias Simón realiza un completo estudio sobre las diferencias y similitudes a nivel formal entre el cine y el teatro en los inicios del primero. En él (2007), aporta una reflexión que en su opinión puede parecer evidente pero que adquiere una gran importancia en cuanto a la futura influencia en las formas de narrar en el arte cinematográfico, y es la idea de que en muchas de las primeras películas de la Historia del cine la cámara adopta la posición que ocuparía un espectador. Según Iglesias Simón, de ese modo,

«se establece la misma relación entre el discurso cinematográfico y su público que la instaurada entre el discurso escénico y su audiencia. Es más, podemos decir que este paso fundamental, según el cual todo lo rodado será concebido para ser visto por un espectador situado al otro lado de la cámara (como el público teatral estaba situado al otro lado de la embocadura del escenario), será el que haga que el cine pase de ser mimético (es decir, se limite a mostrar) a ser narrativo (es decir, se dedique a contar)» (Iglesias Simón, 2007, p. 37).

Si bien es cierto que la influencia del lenguaje teatral en el cinematográfico en estos primeros años fue más que notable, evidente, el cine empezó poco a poco a desarrollar un lenguaje propio, el conocido por todos Modo de Representación Institucional. Este lenguaje se alejó del teatral para configurarse como sabemos como un lenguaje propio, poseedor de unos códigos y signos concretos.

3.5. Diferenciaciones en cuanto a finalidad: la pantalla/el escenario

En un artículo de relevancia para el análisis de las diferencias entre los lenguajes teatral y cinematográfico y que funciona como recopilación de diversos puntos de vista de grandes autores, Pérez Bowie (2004) cita tres ejemplos de figuras de eminencia que resultan definitorios:

- Para Brook, la diferenciación básica es que en el teatro se produce un pacto con el espectador para llenar el vacío de los elementos referidos pero que no están, porque en ocasiones no pueden estar por cuestiones presupuestarias o de simple lógica, sobre el escenario. En el cine, sin embargo, por sus características de producción, ese pacto con el espectador no se produce.

- Para Bazin, el cine necesita de esa veracidad, de producir en el espectador la ilusión de asistir a una acción «real».

- Para Helbo, por último, las leyes de la verosimilitud narrativa desaparecen en el teatro para ser sin embargo básicas a la hora de establecer una relación espectador-obra en el cine (Pérez Bowie, 2004, pp. 578-579).

Volvemos a Sánchez Noriega (2000), quien pone el foco también en ese pacto relativo a la suspensión de la incredulidad del espectador cuando se encuentra ante un escenario versus la necesidad de generar verosimilitud que impera en la pantalla, y que hace que el pacto con el espectador tenga unas exigencias muy distintas según asistamos a una proyección o a una representación. En este sentido profundiza también Guarinos, quien manifiesta que la competencia entre ambos artes en este ámbito no tiene sentido, puesto que en el teatro «no se trata de representar un mundo sino de crearlo, no es la reproducción fiel, ni realista, especialmente ahora donde el cine es el que cubre todas las expectativas de realismo, elevadísimas dentro de sus posibilidades espaciales» (Guarinos, 2003, p. 65).

Centrándonos en la escritura del texto teatral se produce una dicotomía realmente llamativa, y es que, si bien por un lado el hecho teatral es único e irreproducible, el texto teatral en sí es perfectamente reproducible y puede ser puesto en escena en infinidad de ocasiones. En palabras de uno de los dramaturgos más consolidados de la escena nacional, Alberto Conejero (Revuelta, 2019), cada texto escrito para la escena es semilla de nuevas representaciones. Esta afirmación quizás pueda parecer categórica, pero sólo hay que pensar en la cantidad de versiones de *Hamlet*, de toda índole y formas narrativas, que pueden estar representándose o ensayándose en este momento alrededor del mundo. Por ello, y como veremos más adelante, la dicotomía es clara: el texto teatral está concebido para ser representado en un hecho que sólo puede vivirse en el aquí y el ahora, y a su vez posee esa capacidad de multiplicar numerosos «aquí y ahora» en base a su carácter de «semilla»[3].

Por el contrario, la finalidad de la escritura para audiovisual es exclusiva: su traslación a una pantalla para su posterior visionado. Son muchos los teóricos que indican que el guion literario no es más que una herramienta para esa traslación, un manual para que técnicos y actores pongan en pantalla las acciones y diálogos escritos en el mismo, lo que quizás limite sus posibilidades como texto, pero también focaliza su intencionalidad, hablando de su utilidad de forma inequívoca.

3.6. Diferenciaciones en cuanto a finalidad: la pantalla/el libro

Cuando una persona escribe un guion cinematográfico la voluntad de representación está siempre presente. En el ámbito teatral, por el contrario, no son pocos los autores que escriben obras de teatro que no necesariamente adquieran estatus de representación o posibilidad siquiera de ser llevadas a las tablas.

---

3   Quizás no sea casualidad que uno de los textos teatrales más hermosos de Conejero se titule *La geometría del trigo* (2019)

Desconocemos si era la voluntad de los autores, pero podemos hablar en España de ejemplos conocidos como pueden ser *El público* (1930-1931), la obra de Lorca, ante la que el propio Federico manifestaba que era irrepresentable, o algunas de las piezas de Miguel Romero Esteo por su elevado número de páginas.

Nos detenemos aquí para reflexionar acerca de cómo el texto teatral se ha constituido a lo largo de los años como un género literario en sí mismo y así es asumido por la sociedad, pero este punto, como recuerda Berenguer, es relativamente reciente si nos atenemos a la totalidad de la Historia de un arte tan antiguo como el Teatro, debemos tener en cuenta «que el propósito primordialmente literario del autor es realidad relativamente reciente en la Historia del Teatro de los tiempos modernos, y tiende a ceder (en los últimos años), con la aparición de formas teatrales en las que la expresión verbal ha disminuido substancialmente, o ha desaparecido en su totalidad» (Berenguer, p. 12).

Siendo totalmente cierta la afirmación de Berenguer no son menos ciertas dos cuestiones: una, que algunas de las más grandes obras de la Literatura en general son obras de teatro, lo que demuestra la consolidación de este arte en relación a la Historia de la Literatura. Y dos: que el interés por el teatro «leído» ha estado presente en los últimos siglos de forma clara. Más allá de eso, y especialmente en nuestro país, asistimos a un repunte del consumo de literatura dramática, con varias editoriales de renombre aumentando de forma notable su ya amplio catálogo, es el caso de *La uña rota* o de *Antígona*, editoriales ambas de gran prestigio, consiguiendo la primera de ellas en 2025 el Premio Nacional a la Mejor labor editorial cultural. También es notable que iniciativas como el Salón del Libro teatral llevan más de veinte ediciones y se celebra desde hace varios años en un enclave de gran relevancia para el teatro en castellano, como es el Centro Dramático Nacional.

Por el contrario, y yéndonos al otro lado de nuestra comparativa, la publicación de guiones cinematográficos puede considerarse una actividad residual en nuestro país, con iniciativas que tienen una intencionalidad más de puesta en valor del producto que de beneficio comercial, es el caso de la Asociación 70 teclas, que, mediante un patrocinio de la entidad de gestión de derechos de autor DAMA, edita guiones, la gran mayoría nacionales, para su venta en la tienda *on line* y física de la librería *8 y medio*.

Pese a que algunas voces manifiestan que el guion cinematográfico puede ser considerado como un género literario propio (Revenga, 2020) lo que está claro es que su interés a la hora de ser consumido como obra literaria es residual. Rocco (2019) realiza un breve recorrido por los mismos y menciona al escritor Cabrera Infante, férreo defensor de la concepción de Literatura del guion para cine, al también escritor Juan Madrid, para quien el guion es una obra compleja, que supera a formas literarias previas al quedarse con lo esencial en una narración: las acciones; o al cineasta Guillermo Arriaga, quien considera que, al igual que en teatro se considera un texto teatral como «obra de teatro», un guion cinematográfico debería recibir la más artística y prestigiosa denominación de «obra de cine» (Rocco, 2019).

3.7. Acercamientos en base a los juegos metatextuales

La autoconciencia del relato se hace manifiesta en el texto teatral a través de conceptos como la narraturgia, neologismo citado por Sanchís Sinisterra en 2014 pero empleado desde mucho antes por el mismo autor en sus talleres para el Teatro Fronterizo. Esta técnica es habitual en el teatro postmoderno, utilizando a través de este las mismas estrategias que van desde el empleo de la narración oral por parte de los personajes a la descripción de cómo se siente su personaje por parte de los actores o actrices, en un claro juego de representación metanarrativa.

Estos juegos meta tienen una analogía en el audiovisual en rupturas con la cuarta pared que no necesariamente tienen que ver con la comunicación directa con el espectador, sino que ésta puede producirse de forma sutil y aportando un mayor grado de identificación con la narración, así como nuevos significados. Son muy interesantes las miradas a cámara en este sentido de series de muy diversa índole y temática, como pueden ser *Fleabag*, *House of cards* o *The Office*. Esta autoconciencia es llevada también a ciertos extremos con lo que Del Río Castañeda (2019) denomina pseudo rupturas de la cuarta pared, abundantes por ejemplo en la serie *Community*.

La más clara y directa ruptura de la cuarta pared es aquella en la que los personajes hablan de forma directa al espectador. Decir a modo de apunte que esta técnica, tradicionalmente considerada exclusivamente teatral, es una técnica empleada con frecuencia en el audiovisual actual, no sólo en base a miradas como lo mencionado en el párrafo anterior, sino plenamente integradas a nivel narrativo, con la inclusión de chistes meta y un altísimo nivel de autoconciencia en por ejemplo la descarada saga cómico-heroica *Deadpool*. Estas miradas y parlamentos a cámara no son ajenos tampoco al cine clásico, con ejemplos como *Mary Jane´s Mishap* (1903) o *Sopa de ganso* (1933).

3.8. Acercamientos en base a la profesión y adaptaciones

En el ámbito nacional los saltos entre la escritura teatral y la audiovisual son frecuentes desde los años de la dictadura, cuando figuras de la talla de Edgar Neville, Miguel Mihura, Jardiel Poncela o Alfonso Sastre frecuentaban indistintamente en su producción tablas y pantallas. Hoy en día ese salto es también habitual, y, a riesgo de hacer una recopilación excesivamente limitada, saltándonos generaciones enteras, mencionaremos aquí simplemente a autores jóvenes de nuestro país que en la actualidad también han realizado ese trasvase con gran éxito, como es el caso de Antonio Rojano, Pablo Remón o Lucía Carballal.

Este punto de acercamiento puede complementarse también con otro concepto que en los últimos años ha posicionado ligeramente la balanza hacia un equilibrio entre ambos medios: la adaptación.

Si bien son numerosísimas las traslaciones al audiovisual de obras que fueron concebidas y tuvieron su estreno en las tablas, en los últimos años se produce también de forma frecuente el proceso inverso. En España hemos asistido por ejemplo a la exitosa adaptación de *El verdugo* de Azcona o más recientemente, a la puesta en escena de éxitos comerciales en su versión cine como *Ocho apellidos vascos* o *Campeones*. Sin embargo, este proceso como decimos, «a la inversa» de lo habitual, por sorprendente, no es extraño en nuestro país. Un referente como el mencionado Miguel Mihura adaptó dos de sus guiones para el cine, *Una mujer cualquiera* y *Mi adorado Juan*, a las tablas en la España de los 40 y 50 (Ríos Carratalá, 2003).

3.9. Diferenciaciones en cuanto a Estilo

Al constituirse como un género literario en sí mismo, podemos inferir en primer lugar en cuanto a las diferencias de estilo que el teatro posee un mayor interés por las palabras, las cuales en escena persiguen una clara vocación evocadora. Sin embargo, esta evocación también puede producirse por supuesto con la escritura del guion cinematográfico, es sólo que esta evocación debe producirse por diferentes caminos, mientras que en teatro es más fácil hacer uso de ella a través de la palabra, en el cine un guion que se centre en su búsqueda a través de las descripciones y los diálogos, y no a través de las imágenes, puede correr un grave riesgo de no poseer finalmente ninguna capacidad evocadora (Aranda *et al.*, 2016).

Méndiz (1994) incide en que las diferencias en cuanto a escritura son notables, y estas se basan sobre todo en que el cine necesita de una acción en la que la trama se desarrolle de forma más amplia. También insiste en que la profundidad en la psicología de los personajes decae en el cine para aumentar sin embargo el número de los mismos, por una sencilla cuestión de economía de medios en el teatro (Méndiz, 1994).

Centrándonos en el propio estilo en sí de escritura, un factor diferencial en el estilo de ambos es el Predominio del diálogo por lo general en el teatro. En la audiovisual sobreabunda en ocasiones esa idea de «muestra, no cuentes» y sólo en un momento determinado de su historia el cine abusó de los diálogos en sus guiones, fue lógicamente en los inicios del sonoro, atendiendo a la novedad del invento. En el teatro, por el contrario, la necesidad de evocación y la falta de posibilidad de apreciar por lo general en primer término a los actores y actrices hacen que los diálogos sean por norma más abundantes que en el guion, y del mismo modo cada personaje posea más espacio por lo general para hablar, con diálogos en bloques de texto más abundantes o con soliloquios que no suelen tener cabida en el cine de forma habitual.

El estilo viene determinado en la mayoría de las ocasiones también por el espacio. Sin entrar en cuestión de separaciones mecánicas en cuanto a formato, útiles para el trabajo de los equipos que lleven a cabo el producto final en cada caso y que trataremos en el siguiente apartado, el estilo en el ámbito del texto teatral hace que se cree una necesidad de informar de las acciones que se desarrollan sobre el escenario por parte de los personajes. En ambos casos, y debido a este último punto, es importante determinar que, aunque tanto en el cine como en el teatro los verbos predominantes son verbos que proclaman acción física, en el teatro en numerosas ocasiones se produce un predominio de los que hacen referencia al espacio, abundando por supuesto Salir o Entrar del mismo.

3.10. Diferenciaciones en cuanto a Formato

El propio formato de escritura permite distinguir a un primer vistazo un texto teatral de un guion audiovisual, y es que la mayoría de autores dramáticos y guionistas utilizan un formato en el que los nombres de los personajes se alinean a la derecha, ocupando el cuerpo completo de la página los diálogos del parlamento de ese personaje —en el caso del teatro—, o se sitúa el nombre del personaje en el centro de la página en mayúsculas y una columna central bajo la misma expone los diálogos —en el caso del guion audiovisual—. Esto es aplicable en la gran mayoría de programas de edición de textos que facilitan la labor para escribir guiones audiovisuales y/o textos teatrales, como los muy conocidos Celtx o Final Draft. Este formato tiene varias utilidades: por un lado, la propia practicidad de reconocer al primer vistazo la naturaleza del texto, por otro redunda en la idea del guion audiovisual entendido como herramienta de trabajo para los distintos equipos artísticos y técnicos, al redactar en mayúsculas los nombres de los personajes facilita la tarea de todos los equipos y de los propios actores y actrices al reconocer su papel en el texto. Es destacable, a modo de curiosidad, el hecho de que incluso a través del formato se reconozca el mayor peso de la importancia de los diálogos en el ámbito teatral que en el audiovisual.

En cuanto al campo del formato otra diferenciación notable es la división en escenas y/o en cuadros en el caso del teatro, que en ocasiones se manifiesta en pocos cambios de espacio, o, como suele ocurrir en el teatro postdramático, en una inconcreción espacial que haga que los juegos metateatrales puedan multiplicarse o que las posibilidades evocadoras u oníricas se manifiesten también a través del texto.

3.11. Conclusiones

Con los años como es bien sabido el cine adoptó un lenguaje propio, el denominado Modo de Representación Institucional, y en la actualidad las zonas liminales son mucho más de ida y vuelta, los trasvases del teatro al cine han sido plenamente asumidos, sí, pero también los que se produjeron en la dirección contraria. Abuín manifiesta que el hecho teatral actualmente no puede comprenderse sin las relaciones interartísticas que lo producen (Abuín González, 2008).

Y, en este contexto actual, el concepto de la intermedialidad cobra mucha fuerza entre todas las disciplinas, pero es especialmente llamativo en las interacciones entre el teatro y el cine.

De este modo, y al igual que podemos determinar que el cine tomó buena parte de sus estrategias narrativas del teatro, sobre todo en sus inicios, el teatro también ha asimilado en tiempos más recientes estrategias tomadas del audiovisual, la más evidente quizás sea la expansión de la vídeoescena, los cambios de ritmo teatrales imitando técnicas de montaje audiovisual o la búsqueda de una determinada planificación por composiciones, similar a la planificación audiovisual. A modo de apunte, es muy representativo el uso de storyboards que realizó en los 70 Robert Wilson para su proyecto escénico *Einstein on the beach*, tan relevantes y de tanto interés artístico y técnico que se exhiben en la Biblioteca del Museo Pompidou de París. Por tanto, podemos determinar que, si, como indicaba Woolf el arte cinematográfico fue considerado un arte parasitario en sus inicios quizás pudo deberse a su carácter de invento rupturista, adelantado a su tiempo y al de sus espectadores, de invento relacionado con el *zeitgeist* del siglo XX, en el cual como nos recordó en tantas ocasiones Bauman las fronteras entre conceptos y artes están ya completamente difuminadas y los conceptos culturales son totalmente líquidos.

3.12. Referencias bibliográficas

Abuín González, A., «Teatro y nuevas tecnologías: conceptos básicos», *Signa: revista de la Asociación Española de Semiótica,* 17, 2008, pp. 29-56.

Aranda, D., *Cómo construir un buen guion audiovisual*, UOC editorial, 2016.

AUMONT, J., BERGALA, A., MARIE, M. & VERNET, M., *Estética del cine*, Paidós, 1991.

BERENGUER, Á., *Sobre el texto dramático y su representación escénica*, Biblioteca Virtual Miguel de Cervantes, 2009, Fuente: https://www.cervantesvirtual.com/portales/santa_teresa_de_jesus/obra/sobre-el-texto-dramatico-y-su-representacion-1261029/ [Consultado el 2 de septiembre de 2025]

CHIARULLI, R., «"Strong Curtains" and "Dramatic Punches": The Legacy of Playwriting in the Screenwriting Manuals of the Studio Era», *Communication & Society* 34.1, 2021, pp. 109-122.

DE TORO, F., *Semiótica del teatro: del texto a la puesta en escena*, Editorial Galerna, 2005.

DEL RÍO CASTAÑEDA, L., «La grieta en la pantalla. Definición y análisis de la ruptura de la cuarta pared en el medio audiovisual», *Caracteres: estudios culturales y críticos de la esfera digital* 8.2, 2019, pp. 400-431.

DOMÉNECH, F., *Manual de dramaturgia* (Vol. 38), Ediciones Universidad de Salamanca, 2016.

FÉRAL, J., *Teatro, teoría y práctica: más allá de las fronteras*, Editorial Galerna, 2004.

FIELD, S., *El libro del guion: fundamentos de la escritura de guiones*, Plot ediciones, 1995.

GARCÍA MAY, I., «La dramaturgia de textos no dramáticos». *Manual de dramaturgia*, Ediciones Universidad de Salamanca, 2016, pp. 247-273.

GIMFERRER, P., *Cine y Literatura*, Seix Barral, 1999.

GÓMEZ GARCÍA, I., «Del teatro al cine: sobre el concepto de adaptación y sus transformaciones», en *El teatro clásico español en el cine*, editado por Marco Presotto Ca'Foscari, 2019, pp. 27-42.

GUARINOS, V., «Del teatro al cine ya la televisión: el estado de la cuestión en España», *Cuadernos de EIHCEROA*, 2006, pp. 61-77.

GUBERN, R., *Historia del cine,* Anagrama, 2016.

HUESO, Á. L., «El referente teatral en la evolución histórica del cine», *Anales de La Literatura Española Contemporánea* 26, n.° 1, 2001, pp. 45-61.

IGLESIAS SIMÓN, P., *De las tablas al celuloide: trasvases discursivos del teatro al cine primitivo y cine clásico de Hollywood*, Editorial Fundamentos, 2007.

MÉNDIZ NOGUERO, A., «Diferencias estéticas entre teatro y cine. Hacia una teoría de la adaptación dramática», NARANJO, A., PALACIO, D. y DEL HOYO, M., *Transvases culturales: Literatura, cine, traducción*, 1994, pp. 331-340.

Diálogos escénicos: Dramaturgia y guion: del escenario a la pantalla [Video]. YouTube. Fuente: https://www.youtube.com/watch?v=KhNgm2YCkmA

PAVIS, P., *Diccionario de Teatro: dramaturgia, estética, semiología*, Paidós Comunicación, 2015.

POLLAROLO, G., *El guion cinematográfico, ¿texto literario?,* Lexis, 35(2), 2011, pp. 289-318.

REVUELTA, L., (2019, 24 de noviembre), «Alberto Conejero: "En pleno imperio de la imagen, la gente necesita volver al teatro"», *ABC*, Fuente: https://www.abc.es/cultura/cultural/abci-alberto-conejero-pleno-imperio-imagen-gente-necesita-volver-teatro-201911240208_noticia.html?ref=https%3A%2F%2Fwww.google.com%2F [Consultado el 11 de julio de 2025]

Ríos Carratalá, J. A., *Dramaturgos en el cine español (1939-1975)*, Biblioteca Virtual Miguel de Cervantes, 2003, https://www.cervantesvirtual.com/obra/dramaturgos-en-el-cine-espanol-1939-1975/

Rocco, A., «El guion publicado: un nuevo género narrativo», en En Pollarolo, G (ed.), *Nuevas aproximaciones a viejas polémicas*, 2019, pp. 83-93.

4

LIVE CINEMA Y POLITICAL REMIX VIDEO: PROCESO Y METODOLOGÍAS CREATIVAS DEL COLECTIVO LOS VOLUBLE

Alejandro Alvarado Jódar
Universidad de Málaga

4.1. Introducción

En estos más de 20 años de actividad desde que comenzaron con sus primeras tentativas de remezcla visual y sonora en directo, los hermanos Benito y Pedro Jiménez, más conocidos por su nombre artístico *Los Voluble*, han sido testigos privilegiados del desarrollo y la transformación de una escena artística en el Estado español que hibrida la creación audiovisual con las artes escénicas y las artes plásticas y visuales. En este tiempo, tanto desde la producción artística como de la académica o institucional han aparecido denominaciones para definir estas prácticas, como cine expandido, Live Cinema, *perfomance* audiovisual, videoescena y artes visuales expandidas, entre otras.

La convergencia de medios, la transformación digital y la accesibilidad tecnológica han favorecido la generación de este ecosistema híbrido en el que las fronteras entre disciplinas se han desdibujado vertiginosamente. Al mismo tiempo, la implantación de un capitalismo global y, con él, la imposición de un discurso homogéneo desde los poderes políticos y económicos dentro de las industrias culturales y los medios de comunicación, ha derivado en la germinación de un aparato crítico desde la ciudadanía, y por ende desde el mundo artístico, que ha buscado la creación de nuevos espacios de experimentación desde donde alzar la voz.

En este contexto y desde Andalucía, *Los Voluble* se han convertido en agentes activos en este cruce de caminos. Durante dos décadas, han emparentado su práctica con variadas tradiciones como las de la performance audiovisual, VD /VJ, el *mashup*, el *remix* y *collage* audiovisual, el folclore digital o el activismo sonoro, y en su campo de experimentación bien pueden encajar denominaciones como la de artes vivas, laboratorio en proceso o artivismo. Sus propuestas parten de un enfoque crítico, con un fuerte componente político y social de carácter contrahegemónico, conectando la cultura popular, el flamenco y la música electrónica.

La consolidación del dúo en la escena estatal llegó a través su espectáculo *RaVerdial* (2015), en colaboración con el heterodoxo cantaor Niño de Elche. Estrenado en el festival de música electrónica Sónar, este proyecto fue pionero en combinar el flamenco con la electrónica, a partir de la remezcla visual y sonora de la cultura rave con los verdiales. Justamente, las alianzas tanto con músicos flamencos contemporáneos como con artistas visuales y escénicos les permiten indagar mutuamente en novedosos caminos de experimentación. Además del Niño de Elche, destacan las colaboraciones con Rocío Márquez, Raúl Cantizano, Rocío Molina, Mucha Muchacha o Santi Barber y la realización de numerosos videoclips con bandas como Pony Bravo o Califato ¾, entre otras.

La versatilidad temática y formal de *Los Voluble* se puede apreciar tanto en sus numerosas y variadas referencias cinematográficas (de Val del Omar a Jean-Luc Godard) o de la música audiovisual (de Gringos a Emergency Broadcast Network) y sus parentescos generacionales (la videoartista María Cañas, AKA la Archivera de Sevilla), como en los variados marcos donde se integran sus actuaciones, desde la tradición flamenca (Bienal de Flamenco Sevilla, Festival Flamenco de Nîmes) hasta la museística y de centros de arte contemporáneo (MNCARS, CCCB), festivales de música (Sónar, Monkey Week) o festivales especializados (LEV), así como festivales de cine (Seminci, Periferias), teatros (TNT, CondeDuque) y centros autogestionados y okupados.

4.2. El espectro Voluble: Live cinema

En el desarrollo de sus proyectos, *Los Voluble* han desplegado una práctica artística que, entre todas las terminologías empleadas, se encuadraría en lo que se ha denominado Live Cinema o cine en directo. Según ellos, es la mejor etiqueta que los define porque representa de manera más certera el encuentro entre lo visual, lo sonoro-visual y lo performativo (*Los Voluble*, 2025). Los hermanos Jiménez reconocen que sus espectáculos se identificarían con esta tradición, en la línea de su referente el artista Chris Allen, director de *The Light Surgeons*. Para Allen, el *Live Cinema* es el concepto más preciso frente a otras definiciones:

> «Prefiero describir lo que hacemos con este término que con el de *Vjing*, creo que con él se describe nuestro enfoque, puesto que trabajamos con estructuras narrativas dentro de un contexto performático y no nos dedicamos meramente a crear imágenes aleatorias para música»[1]

Si profundizamos en el Live Cinema, aunque se consolida por la academia y las prácticas artísticas en la primera década del siglo XXI como describe Mia Makela (2008), encuentra sus antecedentes en la propia gestación del medio cinematográfico. La artista y teórica finlandesa traza un arco que se despliega desde las experiencias precinematográficas —el

---

[1]   Entrevista realizada por Mia Makela a Chris Allen (2008), recogida en el repositorio de ZEMOS98, disponible en: http://publicaciones.zemos98.org/spip.php?article710

teatro de sombras, la linterna mágica o la música visual— al cine no narrativo y experimental de las vanguardias del siglo XX y el comienzo del desarrollo del videoarte en las décadas de los 60s y 70s. Es justamente en esa eclosión en la que aparece Expanded Cinema (Youngblood, 1970), uno de los textos fundacionales que ha sentado las bases para describir las prácticas que desbordan el cine más allá de la pantalla, tanto espacial como temporalmente, abierto a lo performativo y al uso de los medios electrónicos. Este cine expandido, en confluencia con el desarrollo de los nuevos lenguajes y narrativas digitales que permiten el montaje en tiempo real (Manovich, 2001), es el que ha posibilitado la eclosión de distintas formas heterodoxas que combinan la imagen en movimiento, el sonido-música con lo performático en directo en el que se inscribe el Live Cinema.

Las definiciones que han realizado los investigadores que han abordado el concepto de Live Cinema se mueven por caminos similares a los del creador Chris Allen, como botón de muestra definiciones como: «una actuación en la que participa un intérprete humano que manipula imágenes en movimiento proyectadas para el público» (Lew, 2004, p. 1)[2] o «acciones performísticas que construyen y representan un discurso visual o audiovisual a tiempo real en el que la improvisación y la interactividad de este tipo de tareas permite una interacción o diálogo entre banda sonora e imágenes» (Ustarroz, 2010, p. 62). Holy Willis añade el espectro de la recepción a las tres características comunes de esta disciplina: la interacción en directo entre la obra, el artista y la audiencia; la difuminación entre disciplinas artísticas, y el carácter sensorial y experiencial de la representación (Willis, 2016, p. 68).

4.3. El código fuente: Zemos 98

El origen de la práctica artística de los hermanos Benito y Pedro Jiménez (El Viso del Alcor, 1977 y 1981 respectivamente) viene definida por el entorno donde crecieron y se

---

2   Traducción al español del autor, la cita original en inglés es: «any performance involving the presence of a human performer manipulating moving images projected for an audience».

educaron: «somos niños pijos de padres rojos con una buena conexión a internet» (*Los Voluble*, 2025). Los hermanos Jiménez asistieron al colegio público en el que sus padres eran maestros y vivieron en un barrio de clase trabajadora en la comarca de Los Alcores, Sevilla. Su inquietud por la experimentación visual y sonora se gesta en experiencias iniciáticas en la televisión y la radio local de su pueblo, donde comenzaron a practicar con el vídeo y remezclar música de baile, flamenco y discursos políticos.

Si bien datan su primera experiencia remezcladora en 1996, es dos años más tarde cuando comienzan una etapa esencial en su aprendizaje y experimentación con su vinculación más activa con el colectivo ZEMOS98[3], desde donde se organizaría por primera vez en 1999 un festival internacional homónimo que se convirtió en uno de los espacios imprescindibles de agitación cultural en Andalucía en las primeras décadas del siglo XXI[4].

El Festival ZEMOS98 (1999-2015) fue un laboratorio cultural que experimentó con los formatos y las relaciones con los públicos. Se organizaban proyecciones de cortometrajes, documentales, conciertos musicales y audiovisuales, talleres o espacios de pensamiento común, entre otras actividades. Para los hermanos Jiménez se presentó como un espacio privilegiado para conocer y acceder a la escena independiente de muy diversas disciplinas, desde el cine de vanguardia hasta el arte en red pasando por sus fundamentos teóricos, y estudiar su interconexión, en la que la remezcla de materiales es práctica esencial (*Los Voluble*, 2025). Como muestra, el festival publicó una serie de libros temáticos con títulos como: *La televisión no lo filma* (2006), *Panel de control. Interruptores críticos para un sociedad vigilada* (2007), *Código fuente: la remezcla* (2009), *Educación expandida* (2012) o *La tragedia del copyright* (2013).

Como señalaban en una entrevista en prensa: «En esos orígenes están las luchas del primer internet libre, las luchas anti-co-

---

3   Pedro Jiménez mantiene su vinculación con el colectivo ZEMOS98, más información en: https://zemos98.org/

4   Más información en: http://17festival.zemos98.org/previous-festivals

pyright y las conexiones del arte digital con proyectos como *Borderhack*, un festival telemático que se hacía en la frontera de Tijuana-San Diego»[5]. La actuación de los hermanos Jiménez en este festival en 1999 les introdujo en el trabajo con uno de los conceptos que más le ha obsesionado a lo largo de su carrera: las fronteras. De hecho, la volubilidad del nombre artístico[6] de los hermanos Jiménez es simbólica de su alejamiento de cánones de cualquier práctica o disciplina determinada. En cambio, *Los Voluble*, como su nombre indica, se integran y fluyen definiendo el carácter transdisciplinar de su obra:

> «Siempre hemos entendido que las disciplinas, las fronteras, como hemos sido antifronteras, las fronteras entre las disciplinas, eran mucho más hackeables de lo que la gente en su propia disciplina hacía, porque en el mundo del vídeo artista, en el mundo del vídeo arte, no había experiencias en directo, performativas» (*Los Voluble*, 2025).

La cultura libre (Lessig, 2005) inspiraba los procesos de elaboración de la programación de los distintos contenidos y ediciones de ZEMOS98. *Los Voluble* (2025) bebieron justamente de esa aspiración de apertura del pensamiento. En contra de los compartimentos estancos auspiciados por los programas institucionales de los que reniegan, por ejemplo un modelo de exposición y actuación o actividad paralela, el equipo de este colectivo siempre apostó por los vasos comunicantes y la redefinición de las propias actividades desde la nomenclatura de la cultura libre. Como ejemplo, desarrollaron un formato que denominaron código fuente audiovisual[7], que hibrida la conferencia y la proyección audiovisual, una especie de proyección audiovisual comentada o conferencia performativa, menos academicista.

---

5   Marchena, Carmen (El Salto Diario, 22 de enero de 2020). *Los Voluble*: «Situarnos en el mismo plano de importancia las tonás de Agujetas y el breakbeat andaluz». Disponible en: https://www.elsaltodiario.com/musica/voluble-situamos-misma-importancia-tonas-agujetas-breakbeat-andaluz

6   La primera denominación como dúo artístico de *Los Voluble* fue HSS, como recoge Pedro Ordoñez en la página 59 de su artículo El «gen VdO»: ángel o duende en la música de hoy (2022).

7   Más información en: https://zemos98.org/2019/06/23/como-hacer-un-codigo-fuente-audiovisual/

Desde ZEMOS98, definido por los Jiménez como una «comunidad de aprendizaje», programaban con frecuencia contenidos que, más allá de sus gustos particulares, traían sobre la mesa el concepto de música audiovisual, Live Cinema o Political Remix Video, en pleno contexto de transición del vídeo analógico al digital (*Los Voluble*, 2025). *Los Voluble* aprecian este periodo desde ese privilegio que les permitía invitar a y disfrutar de artistas internacionales en esas coordenadas, como Coldcut, Filastine, Peter Greeneway, The Light Surgeons o Dj Rupture, que han supuesto referentes fundamentales en su práctica artística. De este modo, su papel como gestores y activistas culturales les situó en un lugar de excepción para construir su reflexión en torno a los medios, la tecnología y las prácticas audiovisuales experimentales, una constante en ZEMOS98. Para *Los Voluble* es precisamente la experiencia de aprendizaje autogestionada el aspecto más destacable de su participación en el colectivo: «Autoconstruimos nuestro máster. Ha sido un máster de más de diez años» (*Los Voluble*, 2025).

4.4. Remix político y cultura popular: coordenadas para una estética

El carácter político de *Los Voluble* es uno de sus rasgos singulares, no sólo en la selección de los contenidos sino también en su expresión formal. El dúo sevillano se decanta por el uso de la remezcla como sistema epistemológico y no como un mero uso técnico, como bien recoge el prólogo del libro *Código: Fuente la remezcla* (2009) que funciona como una especie de manifiesto de sus prácticas:

> «Frente a la sobreabundancia de información generadora de conflictos, a la saturación, a la confusión y parálisis, a la brecha info-ricos versus info-pobres, proponemos el remix. No como solución, sino como metodología de trabajo. Es a través de la remezcla que somos capaces de verbalizar, contextualizar, pensar y reflexionar sobre nuestra propia producción de pensamiento crítico» (Díaz, 2009, p. 10).

Las actuaciones de *Los Voluble* se ajustan a la perfección a los cinco rasgos descritos por John McIntosh (2012) sobre el vídeo político de remezcla, Political Remix Video, al utilizar material audiovisual de distintas fuentes sin el permiso de sus titulares o autores, pero también al deconstruir y desafiar las narrativas mediáticas y las estructuras tradicionales de poder, transformando los mensajes desde las fuentes originales. Siguiendo las ideas de McIntosh, el trabajo de *Los Voluble* está preferentemente dirigido al público general o a comunidades creadoras en el marco del do-it-yourself (DIY), más que a una audiencia especializada o académica. La remezcla también incluye una gran diversidad de formatos, desde trailers de películas hasta anuncios publicitarios o videoclips musicales. La forma de distribución del vídeo político de remezcla era descrita a su vez por McIntosh desde prácticas como el duplicado de copias o las proyecciones clandestinas, entre otras.

La heterogeneidad de los materiales visuales utilizados por *Los Voluble*, entre los que se pueden encontrar fragmentos de programas de televisión, cámaras de seguridad, películas de Hollywood o vídeos de redes sociales, se organizan en capas o sustratos a los que se pueden sumar otros elementos visuales como los grafismos o rótulos. Esta misma diversidad está presente en los materiales sonoros, como la música o los efectos, siempre mezclados en directo entre sí y con la imagen. Las actuaciones de *Los Voluble* se sustentan en un diálogo entre los hermanos Jiménez y entre unas capas sonoras bailables y la imagen en movimiento.

Otra de las coordenadas sobre la que descansa su trabajo es la idea, y la práctica, de lo popular en un sentido amplio. Los proyectos de *Los Voluble* se despliegan desde una perspectiva política, satírica y llena de humor, entendiendo éste como la culminación de la apropiación cultural desde la emancipación de la gente (Navas, 2012). En esta línea de lo popular, una de las tradiciones e ingredientes más sustantivos de *Los Voluble* es el flamenco. Si bien es frecuente encontrar definiciones de su trabajo encasillado como nuevo flamenco, los hermanos Jiménez tratan más bien de despojar al flamenco de la etiqueta de «ese cante gitano que ya no existe»[8], una voluntad expresada claramente a partir de su espectáculo RaVerdial (2015), en colaboración con el Niño de Elche.

Si un espacio como Brooklyn se presta a la reutilización de materiales musicales de soul y blues, perfectamente autóctonos, *Los Voluble* «usan el flamenco» sin considerarse flamencos como tal y como en tantas ocasiones son presentados. Así, un pregón de Semana Santa se abre para los Jiménez como un posible material de remezcla con música electrónica gracias a su propia prosodia y universo estético. Desde el flamenco hasta el Breakbeat, *Los Voluble* consideran lo popular como aquello «que nos pertenece y por tanto podemos utilizarlo», y es desde esa mezcla desde donde se perfila en su opinión «el folclore del futuro» (*Los Voluble*, 2025).

Otra arista de la aspiración popular del proyecto es su naturaleza como expresión de lo político, con variaciones tan concretas como la recuperación de lo antiguo, en la que el flamenco puede ofrecer una tradición consolidada. Los hermanos Jiménez se identifican generacionalmente con este uso consciente de lo antiguo, y vinculan la consciencia política a la reutilización propia de la cultura del remix. La experimentación con los materiales supone para los sevillanos «cosa seria», entendiendo que no resulta válido experimentar con cualquier imagen. Este respeto a un uso pertinente de los materiales no es contradictorio con el carácter lúdico de la remezcla, por más que se pueda extraer todo un discurso teórico sólido desde el análisis de la práctica. Tal y como ellos lo ponen en palabras: «Nam June Paik se lo pasaba bomba con la posibilidad de hacer tele en Chicago, haciendo lo que le saliera de la punta de la nariz» (*Los Voluble*, 2025).

Movimientos como el altermundista en el cambio de siglo están en la raíz de la sensibilidad política de *Los Voluble*, quienes generacionalmente asistieron a fenómenos y respuestas ciudadanas y artísticas de referentes, como Emergency Broadcast Network y Filastine, en el desarrollo de las

---

8   Cómo definen en su intenciones en *RaVerdial* de su agencia Telegram https://www.telegramacultural.com/raverdial-nino-de-elche-los-voluble-en-sonar-2015/

protestas contra la guerra de Iraq o las movilizaciones contra el sistema en Seattle o Génova o en la siguiente década de las Primaveras Árabes, Occupy Wall Street y el 15M. De igual manera, la conciencia de clase vertebra toda su obra, consecuencia por su parte del contexto familiar de izquierdas donde se criaron. Con este bagaje, Pedro y Benito Jiménez identificaron que el lenguaje de la remezcla podía servir para contar lo que pensaban políticamente. Un pensamiento político que habían consolidado con gestos solidarios con el movimiento sindicalista campesino andaluz o el okupa.

El abanico temático de los espectáculos de *Los Voluble* se encardina por tanto en lo político e incluye la reflexión sobre la crisis inmobiliaria y los desahucios (*Antimapping: La hipoteca de mis sueños*, 2015), la frontera Sur a la que se asoman desde Andalucía (*Borderhack*, 2016), la crítica a los medios de comunicación (*No media detected*, 2017), las interconexiones entre el flamenco, la electrónica, la fiesta y la cultural popular (*Flamenco is not a crime*, 2019 y *Jaleo is not a crime*, 2022) o el genocidio palestino, las *fake news* y el cambio climático (*La voz de alarma*, 2025).

4.5. Procesos: un metodología para la remezcla en directo.

En el desarrollo de su trabajo, sus procesos creativos se plantean desde la interdisciplinareidad, condicionando la búsqueda de los materiales apropiados, tanto audiovisuales como sonoros, a las posibilidades del «instrumento», como ellos mismo lo denominan (*Los Voluble*, 2025), esto es, a la mesa de cuatro metros de largo en la que despliegan todos los dispositivos[9] para mezclar vídeo y audio en directo en el escenario durante sus espectáculos. Como señala Muñarriz (2013):

> «El artista que realiza performance audiovisual tiende
> a construir su propia «máquina» para actuar en directo,

---

9   Hardware: Set de DJ con 3 CDJ + Mesa de mezclas DJ; DVJ X1, reproductor de DVD; Macbook Pro; Controladoras Midi Novatio Launchpad Launch Control; Tarjeta de Sonido; Sampler Akai; Sampler Roland; Pedales de efectos; Kaos pad 3 y S.

creando un dispositivo que articula las decisiones, gestos y recursos expresivos que conforman las piezas que pueden surgir. La pieza existe como ente potencial, variación de variaciones que sólo se encontrará en cada situación de un modo distinto. Esta forma de contar puede entenderse como una deriva narrativa, un recorrido por territorios no muy conocidos en los que encontramos elementos que nos sorprenden, referencias, relaciones imprevistas que construyen un flujo que consolida una historia no planeada» (pp. 158-159)

Ese instrumento, en su carácter performativo como extensión de los intérpretes en el escenario, supone una evidencia del rol de la máquina como elemento mediador ante el público, que amplifica las imágenes y sonidos, espectacularizando de esta manera la experiencia. Así, como reflexiona Zamarripa (2016), el *Live Cinema* da respuesta de forma innovadora a las relaciones contemporáneas entre lo humano y lo tecnológico (p. 166). Balsom (2014) amplifica esta idea, desarrollando que el Live Cinema, en su carácter colectivo, irreproducible y efímero, se sitúa como una fuerza de resistencia frente a la alienación que propone la sociedad digital.

Los hermanos Jiménez se autodefinen como «coleccionistas» y «acumuladores con síndrome de diógenes digital», recogen del universo audiovisual disponible en internet las imágenes, sonidos, fragmentos musicales y clips de vídeo que les resultan potencialmente interesantes para sus espectáculos (*Los Voluble*, 2025). Este primer gesto, el encuentro con el material de archivo, es la base de su obra y se produce normalmente de forma casual, bien porque se topan con un fragmento atractivo o porque alguien les pone en aviso sobre algún material determinado. Como herramienta de almacenaje utilizan un grupo de Telegram, que les es útil para que ambos compartan el material que han seleccionado. Este un proceso siempre activo, abierto temporalmente y que les lleva a establecer posibles y diversas relaciones entre esos fragmentos. No disponen sin embargo de ningún sistema de clasificación específico de ese archivo acumulado en la plataforma de mensajería, tan sólo indican el nombre del espectáculo donde ese material podría en principio tener cabida.

La propuesta narrativa y estética de sus espectáculos se desarrolla a partir de un tema elegido por ellos mismos o por un encargo del comisario o evento cultural en la que se programa su actuación. *Los Voluble* (2025) inician entonces un proceso de selección del material almacenado en el grupo de Telegram. Al mismo tiempo, realizan una búsqueda específica desde la que «alimentan el algoritmo» para que el sistema de rastreo de los buscadores y de las redes les devuelva materiales relacionados con los contenidos del espectáculo en el que están trabajando. En esa selección de elementos que pueden ser remezclados establecen cinco categorías o «cajones», en los que preparan los *samples* que pueden ser utilizados en las actuaciones (*Los Voluble*, 2025). Disponen por tanto de cinco carpetas de cientos de clips que se corresponden con las categorías: músicas, vídeos, audios de vídeos, A/V samples y gráfica (textos, frases o subtítulos que aparecen en la pantalla).

Para la preparación del espectáculo, *Los Voluble* (2025) no suelen planificar demasiados ensayos, trabajan a distancia realizando pruebas de edición de los *samples* que comparten para su valoración entre ambos. Definen una escaleta básica en la que estructuran los bloques de contenidos relacionados, los puntos de inflexión y el ritmo que debe pautar cada parte, marcado principalmente por la música. Sin embargo, esta escaleta es solo una guía, una herramienta que debe ser subvertida durante la actuación. El dúo subraya que una de sus señas de identidad fundamentales es la mezcla en directo de esos cientos de *samples* durante los espectáculos: «la narrativa de lo que vamos a hacer tiene que ver mucho con cómo podemos modificarla en el directo, porque nosotros no hacemos bases (...) Una cosa que nos obsesiona, en cierto modo, es saber si el público entiende que trabajamos en directo cien por cien» (*Los Voluble*, 2025). Benito, al cargo de la mezcla de la parte sonora, y Pedro, encargado de la parte visual, generan una sincronía en directo que pretende desarrollar una conversación de elementos que hace vibrar al público.

La improvisación, por tanto, es un elemento crucial en su práctica, alineándose así con los procesos del compositor y músico experimental John Cage, como ellos admiten, en el que incorporan el azar y la indeterminación para dotar de libertad a la representación (*Los Voluble*, 2025). En este sentido, asumen el error como elemento lógico de la infalibilidad en el directo, huyendo de cualquier tendencia como el uso estético del *glitch*[10]. Para ellos cada actuación es diferente, debe evolucionar en relación con la manera en la que diluyen los bloques primariamente definidos, mezclando los *samples* según el *flow* de cada función y asumiendo por tanto sus prácticas dentro de la categoría de las artes vivas.

Otro elemento que se suma a esa representación única de los espectáculos de *Los Voluble* es el carácter abierto de la obra. En cada actuación incorporan nuevos *samples* que tienen que ver con la actualidad más inmediata, en relación con la temática del show, o que tienen un vínculo con el territorio en el que se va a celebrar su actuación. Como ejemplo, citan la inclusión de un vídeo de un mural de la bandera de Palestina pintado en las escaleras cercanas al Parque Güell en una actuación reciente celebrada en Barcelona. De esta manera, «esa constante de actualizar la pieza, hace que nunca esté terminada, aunque exista un armazón narrativo más o menos construido, y así se juega desde el lugar de la improvisación» (*Los Voluble*, 2025).

Aunque el montaje en directo entre las imágenes en movimiento, los sonidos y la música conforman la parte esencial de su propuesta expresiva, *Los Voluble* también se valen de intertítulos, títulos y subtítulos sobreimpresionados en las imágenes con voluntad subversiva. Bajo su lema «piensa mientras bailas», en sus actuaciones lanzan durante la remezcla a través de un canal alfa proclamas a través de textos, ideas enfatizadas a través de palabras clave y subtítulos irónicos. Entre sus referencias en el uso de los títulos sobre la imagen se encuentran los movimientos vanguardistas de

---

10 Término técnico asignado para un error o comportamiento inesperado en sistemas digitales, como videojuegos, música o arte.

los letristas, con Maurice Lemaître a la cabeza, o los ensayos cinematográficos de Jean-Luc Godard.

Para los hermanos Jiménez, la pantalla es la pieza fundamental en la puesta en escena (*Los Voluble*, 2025). Para ellos, su clara referencia es la tradición del *Sound system*, escena esencial de la música moderna jaimaicana, apropiada posteriormente por la música electrónica en la cultura rave y en las *free party*, en la que el sistema de altavoces es el protagonista, espacialmente durante las fiestas. En el escenario de *Los Voluble* los altavoces quedan situados en los laterales izquierdos y derecho, la pantalla en la parte superior-central y debajo la mesa con los dispositivos en la que realizan la mezclas en vivo. Ese protagonismo de la proyección de las imágenes en la pantalla se ve potenciado por la decisión de no usar en los espectáculos ninguna iluminación ni efectos visuales como el humo o niebla, como dejan reflejado en los *riders* técnicos que hacen llegar a los lugares donde actúan.

Como señalábamos anteriormente, la inclusión de la mesa de mezclas en el escenario mientras ellos operan constituye la parte performática de la propuesta de cine en directo de *Los Voluble*. Esta decisión no sólo refuerza la interpretación en vivo sino que también genera una vinculación emocional con el público cuando el dúo siente la música y baila con la mezcla de los distintos *samples*. De alguna forma, la potencia de sus cuerpos entra en escena y forma parte de la propuesta artística, aunque de una forma velada y diluida, ya que no iluminan el set de forma intencionada, alejándose de las propuestas escénicas de los Djs estrella o *frontmen* de otros contextos.

4.6. A modo de conclusión

En el marco de la intersección entre lo escénico y lo audiovisual, los espectáculos del colectivo andaluz *Los Voluble* se inscriben dentro de la categoría Live Cinema o cine en directo. Como hemos planteado, realizan una práctica performativa audiovisual, que hibrida proyecciones audiovisuales, sonidos y música en directo generando una experiencia colectiva y única. El dúo sevillano se aleja de un carácter meramente decorativo de la imagen en combinación con la música, generando por el contrario una propuesta conceptual y narrativa crítica bajo la actuación en vivo (live), lo que de un modo esencial caracteriza su obra. En cierta manera, el trabajo de *Los Voluble* se puede entender como una investigación en la tecnología puesta al servicio de una reflexión a través de la improvisación. Para ello, se basan en la remezcla política como sistema epistemológico, apropiándose de materiales ajenos que circulan cotidianamente en el flujo digital contemporáneo —vídeos, músicas, sonidos e imágenes— para proponer otro sistema de relaciones y discursos subversivos y contrahegemónicos. En sus actuaciones, la pantalla, en vez de contribuir a una experiencia individualista de consumo, se pone a favor de una experiencia colectiva, festiva y reivindicativa con herramientas como la ironía y el humor. *Los Voluble* proponen una experiencia situada en la que predomina una exploración de las relaciones entre el flamenco y la música electrónica con el mundo contemporáneo.

En sus más de 20 años de experiencia, *Los Voluble* han sistematizado una metodología de trabajo propia en la creación de sus proyectos de Live Cinema y remezcla política. Circunscriben sus procesos a la creación de una narrativa supeditada a las posibilidades de la mezcla en directo. En cada actuación, los hermanos Jiménez preparan cinco categorías de *samples* (músicas, vídeos, audios de vídeos, A/V *samples* y gráfica) que pueden ser remezclados en sus actuaciones. Asimismo, crean un boceto o escaleta que sirve sólo como guía para que pueda ser subvertida en el montaje en vivo. No utilizan bases o ediciones preparadas, sus espectáculos son únicos y efímeros, la improvisación es un rasgo fundamental y el error es un elemento asumible, nunca estético. Sus espectáculos están siempre en progreso, quedando abiertos a la inclusión de nuevos samples que modifican y personalizan cada representación. En lo escénico, priorizan la pantalla como organismo central, sin iluminación ni efectos, como un elemento que espectaculariza la experiencia de la audiencia en combinación con la amplificación sonora. Su presencia en el escenario remezclando en directo revela el carácter performativo de la práctica de *Los Voluble* en una pretendida comunión corporal, afectiva, transformadora y anímica con el público.

4.7. Referencias bibliográficas

ANDRADE ZAMARRIPA, A., «Ecos, anticipaciones y resonancias de las ideas de Adorno y Benjamin en el Performance Audiovisual», en Rocío del Consuelo Pérez Solano *et al.* (eds.), *Notas de arte*, Ediciones de la Noche/Universidad de Guadalajara, 2016, pp. 84-100.

BALSOM, E., «Live and Direct: Cinema as a Performing Art.», en *Artforum*, 53(1), 2014, https://www.artforum.com/features/live-and-direct-cinema-as-a-performing-art-221161/

DÍAZ, R., «Nosotros siempre nostros... más algunos amigos», en Felipe G. Gil y Mar Villaespesa (eds.), *Código fuente: la remezcla*, ZEMOS98, 2009, pp. 7-20.

LESSIG, L., *Por una cultura libre: cómo los grandes grupos de comunicación utilizan la tecnología y la ley para clausurar la cultura y controlar la creatividad*, Traficantes de sueños, 2005.

LEW, M., *Live Cinema: Designing an Instrument for Cinema Editing as a Live Performance,* Massachusetts Institute of Technology, https://mf.media.mit.edu/pubs/conference/LiveCinema.pdf

LOS VOLUBLE, colectivo formado por Benito y Pedro Jiménez, (26 de julio de 2025). Entrevista realizada por Alejandro Alvarado [Grabación digital].

MAKELA, M., *Live Cinema: Language and elements*, Tesis Doctoral, University of Art and Design, 2016.

MCINTOSH, J., «A History of Subversive Remix Video before YouTube: Thirty Political Video Mashups Made between World War II and 2005», en Francesca Coppa and Julie Levin Russo (eds.), Fan/Remix Video, special issue, *Transformative Works and Cultures*, n.º 9, 2012, http://dx.doi.org/10.3983/twc.2012.0371

MUNÁRRIZ ORTIZ, J., «Live Cinema: redefiniendo la narración audiovisual», *Arte y Políticas de Identidad*, 9 (2013), pp. 149-161, https://revistas.um.es/reapi/article/view/191881

NAVAS, E., *Remix theory: The aesthetics of sampling*, Berlin, Springer, 2012.

ORDÓÑEZ ESLAVA, P., «El «gen VdO»: ángel o duende en la música de hoy» *Enclaves. Revista de Literatura, Música y Artes Escénicas*, n.º 2, 2022, pp. 53-69, https://dx.doi.org/10.12795/enclaves.2022.i02.04

USTARROZ, C., *Teoría del VJing. Realización y representación audiovisual a tiempo real*, Ediciones Libertarias, 2010.

WILLIS, H., *Fast Forward. The Future(s) of the Cinematic Arts*, New York, Wallflower Press, Columbia University Press, 2016.

YOUNGBLOOD, G., *Expanded Cinema*, New York, A Dutton Paperback, 1970.

5.

VIDEOESCENA INTERACTIVA: SENSORES, I.A. Y EL FUTURO DEL CUERPO EN LA ESCENA

Agustín Linares Pedrero
Universidad de Málaga

5.1. Introducción

Una hibridación entre las artes escénicas y las tecnologías digitales emergentes ha formado en las últimas décadas un nuevo horizonte estético en el que el cuerpo, la imagen y el sonido ya no se tratan como flujos separados, sino interdependientes, que emergen dinámicamente en las interacciones con los sistemas técnicos. En este sentido, la escena de vídeo no se limita a traer proyecciones visuales dentro de la representación teatral o coreográfica, sino a un régimen estético en el que la visualidad y la performatividad adquieren una nueva forma en medios que median procesos algorítmicos. Los sensores convierten al cuerpo en una interfaz, un organismo que tanto participa como traduce y reconfigura datos sobre la marcha. Como argumenta Mark Hansen (2006), el cuerpo en los espacios digitales no se limita a recibir imágenes, sino que se convierte en el «sustrato afectivo» de estos procesos que procesan, dan sentido a lo que la máquina registra. A su vez, los datos ya no existen solo como datos numéricos, sino que adquieren un estatus poético cuando se expresan como imagen, sonido o movimiento, correspondiendo a lo que Lev Manovich (2001) ha descrito como la «estética en tiempo real» de la cultura digital. En última instancia, la inteligencia artificial es otro actor en el escenario. Al servir como generador, predictor o improvisador, desafía las ideas convencionales de autoría y agencia. Haciendo eco de las reflexiones de Matthew Fuller y Andrew Goffey (2012) sobre la «operatividad del algoritmo», podríamos argumentar que la IA no solo produce imágenes o sonidos, sino que crea condiciones para que lo sensible surja en el mundo. Este artículo sugiere analizar estos cambios a lo largo de tres dimensiones: (1) la trayectoria histórica de la escena de vídeo digital, (2) los sensores como una extensión del gesto y (3) la inteligencia artificial como un agente estético. Podríamos afirmar que la escena de vídeo actúa como un laboratorio donde se ponen a prueba las imaginaciones de futuros en una interacción entre humanos, datos y máquinas.

5.2. La captura del movimiento y el entorno: sensores en el escenario

5.2.1. Tipos de sensores y su función

Conjugar el cuerpo, el espacio y la máquina juntos en un tejido dinámico mediante el uso de sensores ha abierto un campo de exploración en la práctica escénica, complejo de tejer y coordinar. Los dispositivos ampliamente utilizados que hacen esto incluyen cámaras de profundidad, sobre todo el Kinect, que proporciona información sobre la pose y el movimiento en 3D, proporcionando una base sólida para la respuesta instantánea a pesar de las condiciones de luz inadecuadas (Shotton et al., 2011). Acelerómetros y sensores IMU, como los que se encuentran en dispositivos portátiles personales o ropa a medida, pueden registrar dinámicas de gestos y orientación corporal con alta precisión, una característica que ha sido investigada en espacios de actuación y que, como señalan Pantelopoulos y Bourbakis (2008), es altamente efectiva en la búsqueda de información continua y detallada del seguimiento del movimiento. Otros senso-res como los infrarrojos y de proximidad son relativamente más básicos, pero pueden ser útiles en situaciones dramá-ticas donde se actúan eventos activados por presencia o se cruzan umbrales espaciales en escenas dramáticas, pues tienen una ágil comunicación.

En conclusión, los micrófonos y las técnicas de análisis de audio no solo registran la voz o la música, sino que también permiten obtener parámetros como la energía y el espectro sónico que pueden emplearse para el proceso de reconstrucción de imágenes o espacia-lización del sonido, un tratamiento tradicional en el campo de la clasificación y análisis de señales (Tzanetakis & Cook, 2002).

5.2.2. Del cuerpo del intérprete al espacio escénico: mapeo y seguimiento

La cuestión fundamental no es tanto la fisicidad del sensor —que tiende a la invisibilidad—, cómo las señales generadas a partir de él se transforman en el tipo de evento escénico significativo. Esta operación, que se llama mapeo, es senci-lla —donde un gesto impulsa un aspecto visual o sonoro de la escena— o compleja, cuando se añaden múltiples elemen-tos y/o se introducen capas de interpretación algorítmica en varios niveles. Como señalan Miranda y Wanderley (2006), el problema es cómo construir instrumentos interactivos que mantengan una relación comunicativa clara entre la acción corporal y la acción perceptual. Schacher (2010) en el campo de la danza y el teatro digital muestra que la tran-sición movimiento-gesto/sonido no es solo una traducción lineal sino una construcción de algún tipo: uno debe decidir qué elementos del movimiento obtienen relevancia esté-tica, siempre manteniendo todo consistente con lo que se requiere para expresar. Es con esto en mente que propongo interpretar esta práctica utilizando la idea de «escenografía transductiva»: un momento que actúa como un transductor en el que, la energía del gesto en sí, se convierte en un ele-mento perceptual añadido, como el sonido, luz, proyección que regresa al intérprete en un bucle de retroalimentación. La perspectiva enfatiza el impacto de cualquier estrategia de mapeo sobre lo técnico así como la legibilidad y carga expresiva del gesto. Estudio de caso Una de las aplicaciones canónicas de la lógica de captura de movimiento y la posterior coreografía digital es *Ghostcatching* (1999) de Paul Kaiser, Shelley Eshkar y Bill T. Jones, en el sentido no principalmente de registro de imágenes, sino de producir una coreografía autónoma, digitalmente coreografiada que se involucra a través de la presencia en el escenario (Dixon, 2007), Del mismo modo, las experiencias de Troika Ranch con sistemas como MidiDancer o el software Isadora ilustran cómo los sensores corporales y el análisis de audio permiten una improvisación interactiva en la que cada función escénica se vuelve irrepetible por la dependencia del mapeo en tiempo real (Salter, 2010).

5.2.3. Sensores, datos, inteligencia artificial en la escena de vídeo

La tecnología progresa a través de tres vectores interrelacionados en la escena, a saber, la sensorización del cuerpo y el espacio y los datos en la expresión material, junto con el desarrollo de la inteligencia artificial como un agente expresivo y estético; todos estos son vistos como partes de una evolución visual más larga de la imagen escénica. Leídos por separado, estos procesos no simplemente ingenian adiciones técnicas simples, sino una reconfiguración ontológica de la actuación: en esto, el escenario se convierte en un sistema perceptual, procedimental y, hasta cierto punto, autónomo.

5.2.3.1. De las tipologías de sensores a una integración performativa: del control al gesto expandido

El sensor ya no puede considerarse como un mecanismo de control externo; se convierte en un sistema que amplía las capacidades del cuerpo que se integra en la dramaturgia. Acelerómetros y unidades de medición inercial (IMU), generalmente alojadas en dispositivos portátiles, permiten la derivación de aceleración, orientación o rotación a parámetros que afectan directamente la luz o el sonido. Cámaras de profundidad como el Kinect o tecnologías de visión por computadora crean un mapa tridimensional del movimiento, permitiendo un registro individual del movimiento que no es perceptible, lo que Shotton *et al.* (2011) describieron como un enfoque revolucionario en el reconocimiento en tiempo real. Biosensores, cuya medición de atributos fisiológicos como el pulso, la conductancia de la piel o la actividad en el cerebro aportan una dimensión adicional a la presencia: la intimidad física transmutada en un terreno perceptual. La integración performativa se puede ver innumerables veces: el sistema MidiDancer funcionando en Troika Ranch en los años noventa, por ejemplo, que convirtió el movimiento en datos MIDI, es una de las primeras aplicaciones de un bailarín como interfaz. Más recientemente, desarrollos como *At the Still Point* de Wayne McGregor incorporan sensores biométricos que convierten estados internos en dinámicas de luz y sonido, estableciendo una corporeidad más amplia.

5.2.3.2. Datos como material escénico

La información sensorial, una vez ha sido capturada se vuelve manipulable, el paso del movimiento o la palabra a un flujo numérico permite no solo representarlos sino reposicionarlos en imágenes, elementos sonoros o visualizaciones abstractas. Este paso transforma los datos en una escena real: un momento de fisicalidad y ritmo que es una forma de manipular lo que el público está viendo. Aquí los datos ya no son mediadores, invisibles, sino más bien estéticos. En las artes escénicas de hoy, vislumbramos poéticas que tratan la «visualización de datos» no como ilustración sino como dramaturgia: patrones de luz que surgen de las respiraciones de los intérpretes, sonidos creados a partir del rastro del movimiento, arquitecturas visuales hechas posibles a través de la participación compartida. Como argumentan Manovich (2001) y Dixon (2007), esta estética de base de datos supera la linealidad narrativa con configuraciones de manipulación algorítmica. Un ejemplo de esto es el trabajo experimental de

Ryoji Ikeda en el que su obra es una experiencia perceptual radical con la visualización numérica y de audio, sus gráficos auditivos y su experiencia perceptual son un ejemplo aquí. Teóricamente, propuestas escénicas como DATA | CITY del colectivo Random International, escenificadas por el colectivo Random International también representan que el flujo de información puede ganar corporeidad luminosa en el espacio teatral. La cuestión ya no es cómo representarlo; ya no es cómo expresarlo, sino cómo sentir los datos dentro de la materialidad sensible de esos datos.

5.2.3.3. Inteligencia artificial y creación performativa

Y las técnicas de aprendizaje profundo no se aplicaron únicamente a la automatización de procesos, lo que ha permitido a los sistemas generar imágenes, sonidos, patrones e incluso vídeos en tiempo real. Las redes neuronales utilizadas para la síntesis audiovisual pueden crear visuales que dialogan con la acción escénica; como se observa en los experimentos de Memo Akten o Refik Anadol, la IA convierte gestos o bases de datos en constelaciones visuales en evolución. En la interacción en vivo, la IA es un «coprotagonista algorítmico» —modelos entrenados para anticipar el movimiento permiten que la máquina prediga el gesto del intérprete, creando una retroalimentación instantánea que difumina la acción y la reacción. Este tipo de improvisación asistida, como describen McCormack y d'Inverno (2014), crea nuevos tipos de dramaturgia no lineal en la que la máquina no sigue al intérprete sino que conversa con él.

Más allá de lo espectacular, la pregunta central es conceptual: ¿qué significa compartir agencia creativa con un sistema no humano? Como plantea Floridi (2014), vivimos en una era de «infosferas» en las que lo humano y lo artificial cohabitan en ecologías de sentido. En el ámbito escénico, esta condición se traduce en una práctica en la que el intérprete, el sensor, el dato y el algoritmo conforman un ensamblaje heterogéneo que produce realidades perceptivas inéditas.

5.3. La Escena Inteligente: El Rol de la Inteligencia Artificial

La incorporación de la inteligencia artificial en las artes escénicas marca un salto cualitativo que trasciende la mera integración de sensores o visualizaciones de datos. Si estos últimos habilitan la percepción y la traducción del gesto en materia perceptiva, la IA aporta la capacidad de generar, anticipar y aprender, situándose como un agente co-creativo dentro del dispositivo performativo. Esta condición altera de forma significativa la dramaturgia, pues introduce un elemento no humano que produce sentido y modifica la experiencia en tiempo real.

5.3.1. IA generativa: creación de visuales y sonidos reactivos

Los algoritmos generativos, especialmente los modelos de aprendizaje profundo como las *Generative Adversarial Networks* (GANs) o los sistemas de síntesis neuronal de sonido, permiten la creación de material estético en tiempo real a partir de datos sensoriales. En la escena, esto se traduce en visuales que emergen en respuesta al movimiento del intérprete o paisajes sonoros modulados por el pulso cardíaco de un bailarín. Como señala McCormack *et al.* (2019), el valor de la IA generativa en contextos artísticos radica no tanto en la fidelidad de la imitación, sino en la apertura a lo inesperado, en la capacidad de introducir variación y novedad dentro de un marco performativo. Obras como las de Refik Anadol, que utilizan grandes conjuntos de datos para producir proyecciones arquitectónicas dinámicas, ilustran cómo la IA puede ser entendida como un «pincel algorítmico» que extiende la materialidad de la escena.

5.3.2. IA predictiva: anticipando el movimiento para una interacción más fluida

Más allá de generar, la IA también puede prever. Sistemas de visión computacional entrenados mediante aprendizaje supervisado son capaces de anticipar patrones de movimiento, facilitando una interacción que se percibe más natural. Esto resulta clave en la performance, donde la latencia mínima entre acción y respuesta determina la credibilidad del diálogo con el entorno. Un ejemplo son los modelos de predicción de secuencias corporales empleados en danza interactiva, que permiten al sistema iniciar una respuesta visual antes de que el gesto concluya, produciendo un efecto de sincronía fluida. Como han mostrado Rabinovich *et al.* (2014), la predicción basada en series temporales no solo incrementa la eficiencia técnica, sino que genera la ilusión de una agencia compartida, un «compañero algorítmico» que parece leer las intenciones del intérprete.

5.4. Estudios de caso: Refik Anadol y la danza interactiva basada en visión computacional

La revisión crítica de casos concretos ayuda a ver, con detalle técnico y estético, cómo la mediación de datos produce nuevas dramaturgias en la videoescena; a continuación ofrezco un análisis contrastado de dos polos relevantes —la práctica de *data painting* de Refik Anadol (por ejemplo, *Machine Hallucinations*) y los proyectos de danza interactiva que utilizan visión computacional y seguimiento del cuerpo (tradición tecno-coreográfica estudiada por Birringer y otros)—, apoyado en documentación técnica, entrevistas y literatura académica sobre algoritmos de síntesis, captura y predicción del movimiento.

5.4.1. Refik Anadol — data painting: pipeline técnico y efectos estéticos

Qué hace y por qué importa (resumen técnico).

Anadol procesa grandes colecciones de archivos visuales —museos, fototecas urbanas o registros ambientales— y entrena modelos generativos (DCGAN/PGAN/StyleGAN y variantes) para producir secuencias sintéticas proyectadas a gran escala; no se limita a visualizar, sino que transforma el corpus en nuevas imágenes que conservan trazas estadísticas del archivo y articulan una sintaxis autónoma.

Pipeline técnico, paso a paso (observaciones reproducibles).

- Curación y pre-procesado del corpus: recolección, normalización y limpieza (p. ej., series con más de 100.000 imágenes), con etiquetado mínimo para coherencia.
- Arquitectura y entrenamiento: GAN ajustadas (tasa de aprendizaje, generador/discriminador y pérdidas) en ciclos prolongados de GPU.
- Exploración del espacio latente y post-procesado: interpolaciones y condicionamientos, *resampling*, *upscaling* y corrección cromática para secuencias de alta resolución.
- Render y despliegue: *render offline* o híbrido, sincronización y *projection mapping* específico del emplazamiento, a menudo con infraestructura en la nube y GPUs de alto rendimiento.

Limitaciones técnicas y decisiones críticas.

- Computación y coste: el entrenamiento de alta resolución exige recursos que condicionan la iteración creativa.
- Curación y sesgo: la estética refleja el dataset; qué entra y qué queda fuera marca el resultado.
- Tiempo real vs. *offline*: la interactividad suele ser ambiental (luz, clima, flujo de sala) más que corporal directa, lo que orienta la dramaturgia hacia escalas macro y contemplativas.

Implicación estética:

El archivo se convierte en agente dramático: los datos dejan de ilustrar la escena para constituirla, desplazando el foco hacia una «memoria colectiva» codificada cuya voz emerge del comportamiento del corpus.

5.4.2. Danza interactiva basada en visión computacional — pipeline *real-time* y retos

Componentes técnicos habituales.

- Sensores de profundidad / RGB-D (Kinect, ToF, LiDAR): mapas de profundidad y segmentación robusta del cuerpo.

- Estimación de pose por visión (OpenPose y derivados): *keypoints* 2D/2.5D de cuerpo, manos y rostro, aptos para *tracking* multi-intérprete.

- IMU / *wearables* / biosensores: aceleración, orientación y pulso; la fusión sensorial eleva la robustez y la semántica.

Arquitectura de tiempo real y caminos de datos.

- Adquisición: flujos RGB, profundidad e IMU (30-60 fps).

- Procesamiento inmediato: *keypoints* o segmentación → filtrado/suavizado → rasgos (velocidad, aceleración, ángulos).

- Mapeo / Decisión: reglas o ML (clasificadores, RNN/LSTM) traducen rasgos a parámetros audiovisuales.

- Salida (render): motores (Unity, TouchDesigner, Max/Isadora, etc.) con latencia mínima.

Problemas prácticos recurrentes.

- Latencia y sincronía: mantener el bucle acción-respuesta <50-100 ms para credibilidad.

- Oclusión y multi-intérprete: la fusión con IMUs mitiga fallos de visión.

- Legibilidad expresiva: mapeos complejos aportan riqueza, pero pueden oscurecer el gesto; diseñar el mapeo es una decisión coreográfica.

Ejemplos históricos y técnicos (qué aprendemos).

– Ghostcatching (Kaiser/Eshkar/Bill T. Jones, 1999): la captura genera una entidad coreográfica autónoma en diálogo con la presencia viva.

– Troika Ranch (MidiDancer/Isadora): arquitectura práctica para traducir ángulos y aceleraciones en control de medios, hoy replicable con IMUs, OSC y motores gráficos.

5.4.3. Convergencias técnicas y dramaturgias emergentes: cómo se cruzan ambos mundos

Diferencias claras.

– Anadol: dominio macro-algorítmico (corpus → modelo → estética de gran escala) centrado en la materialidad del dataset.

– Danza interactiva: dominio micro-performativo (gesto en tiempo real → estimación → mapeo → respuesta) centrado en la co-presencia.

Puntos de fusión tecnológico-dramaturgicos (oportunidades prácticas).

– Generativo condicionable en vivo: modelos entrenados sobre corpora, modulados en tiempo real con pose/biosensores (p. ej., latentes controlados por OpenPose + LSTM), para una visualidad «soñada» que responde al gesto.

– Predicción para reducir latencia: *forecast* de pose (100-400 ms) con ERD/LSTM mejora la sincronía y habilita improvisación asistida.

Riesgos técnicos y éticos a considerar.

– Privacidad y biometría: pulso, EEG y patrones de movimiento requieren consentimiento y protocolos de almacenamiento.

– Opacidad algorítmica: la estética de modelos complejos es difícil de auditar; conviene transparencia sobre datasets y entrenamiento.

5.4.4. Síntesis y recomendaciones técnicas prácticas

- Si se busca una fusión Anadol → danza interactiva: entrenar GAN/StyleGAN sobre corpora relevantes, ejecutando la síntesis en doble modo —*offline* (alta resolución) y *online* (latentes pre-computados e inferencia condicionada)—.

- Para interacción en vivo: combinar visión por cámara (OpenPose) + profundidad (Kinect) + IMU y añadir predictores RNN/LSTM para anticipar el movimiento y sostener latencias bajas.

- *Stack* recomendado: captura (RGB-D/IMUs) → detección (OpenPose/Kinect SDK) → procesamiento/predicción (PyTorch/TensorFlow, ERD/LSTM) → *middleware* de mapeo (OSC/Isadora/Max/TouchDesigner) → render (Unity/Unreal), contemplando costes y complejidad de integración.

Conclusión del análisis

La estética de la mediación de datos se despliega en dos líneas complementarias —la generativa, que convierte el corpus en experiencia inmersiva, y la performativa, que transforma el gesto en respuesta—, y alcanza su mayor potencia cuando ambas convergen en sistemas donde la síntesis algorítmica admite condicionamientos en tiempo real y la performance se apoya en predicción y aprendizaje sin menoscabar la expresividad del intérprete; para ello, resultan decisivas la curaduría de *datasets* y la ingeniería de latencia, robustez y legibilidad gestual.

5.5. Conclusión. Implicaciones y Futuro de la Videoescena Interactiva

5.5.1. Nuevas dramaturgias: el diálogo entre el humano y el algoritmo

La videoescena interactiva está configurando un campo dramatúrgico donde el guion no se fija únicamente en un texto o partitura, sino en la capacidad de traducir datos en acción escénica. El intérprete ya no se limita a emitir gestos o sonidos: estos son captados por sensores de movimiento, cámaras de visión artificial o micrófonos de alta precisión, procesados en tiempo real y reinyectados al espacio escénico como imágenes, sonidos o modificaciones lumínicas. El algoritmo, en este sentido, no actúa como simple herramienta, sino como un agente capaz de codificar, modular y expandir la dramaturgia a partir de parámetros numéricos y procesos de cálculo. El resultado es un diálogo donde la acción escénica se escribe de manera algorítmica y dinámica, en un continuo bucle de retroalimentación entre datos y presencia física.

5.5.2. Desafíos técnicos, éticos y creativos

Los retos de esta práctica se manifiestan en múltiples niveles. En lo técnico, la necesidad de sistemas de captura precisos y fiables que eviten latencias o errores de lectura, así como la capacidad de procesar grandes volúmenes de datos en milisegundos para garantizar una interacción fluida. En lo ético, el uso de tecnologías de inteligencia artificial implica cuestionar cómo se recogen y procesan los datos biométricos o de movimiento del intérprete, y hasta qué punto estos algoritmos pueden influir en la toma de decisiones creativas. En lo creativo, la dificultad consiste en encontrar una dramaturgia que integre de forma orgánica sensores, aprendizaje automático, redes neuronales o sistemas de predicción, evitando que la tecnología quede reducida a un mero despliegue técnico sin densidad estética.

5.5.3. Hacia una escena viva y computacional

El horizonte apunta a una escena que funcione como un sistema computacional sensible, en el que la transducción de datos —del gesto al sonido, de la voz a la imagen, del movimiento a la luz— se convierte en el núcleo del acontecimiento teatral. La IA generativa y predictiva, combinada con algoritmos de aprendizaje automático, abre la posibilidad de crear entornos escénicos donde cada función sea única, emergente y adaptativa. En este sentido, la escena del futuro no será un espacio fijo, sino un organismo vivo sostenido por procesos de cálculo, en el que el cuerpo humano y la máquina cooperan para producir una dramaturgia expandida. El desafío, por tanto, consiste en perfeccionar la precisión de la captura y la capacidad de cómputo, al tiempo que se preserva la dimensión poética y performativa que da sentido a la interacción entre lo humano y lo algorítmico; e incluso una posible representación futura online y/o tridimensional.

5.6. Referencias bibliográficas

BIRRINGER, J., *Dance and Interactivity*, Routledge, 2021.

DIXON, S., *Digital Performance: A History of New Media in Theater, Dance, Performance Art, and Installation*, MIT Press, 2007.

FULLER, M. & **GOFFEY, A.**, *Evil Media*, MIT Press, 2012.

FLORIDI, L., *The 4th Revolution: How the Infosphere is Reshaping Human Reality*, Oxford University Press, 2014.

HANSEN, M., *Bodies in Code: Interfaces with Digital Media*. Routledge, 2006.

McCORMACK, J., GIFFORD, T. & **HUTCHINGS, P.**, *Autonomy, Authenticity, Authorship and Intention in Computer Generated Art. Proceedings of ICCC*, 2019.

MANOVICH, L., *The Language of New Media*, MIT Press, 2001.

MIRANDA, E. & **WANDERLEY, M.**, *New Digital Musical Instruments: Control and Interaction Beyond the Keyboard*, A-R Editions, 2006.

PANTELOPOULOS, A. & **BOURBAKIS, N.**, «A survey on wearable sensor-based systems for health monitoring and prognosis», *IEEE Transactions on Systems, Man, and Cybernetics, Part C: Applications and Reviews*, 40(1), 2008, pp. 1-12.

PARISI, L., *Contagious Architecture: Computation, Aesthetics, and Space*, MIT Press, 2013.

SALTER, C., *Entangled: Technology and the Transformation of Performance*, MIT Press, 2010.

SCHACHER, J. C., «Motion to Gesture to Sound: Mapping for Interactive Dance», *Proceedings of NIME 2010*, 2010.

SHOTTON, J., FITZGIBBON, A., COOK, M. *et al.* «Real-time human pose recognition in parts from a single depth image», *CVPR 2011*, 2011.

REFIK ANADOL STUDIO (s.f.). *Data Sculpture Projects*, recuperado de https://refikanadol.com

TROIKATRONIX (Mark Coniglio). *Guru Session #21: Dance-Tech Archaeology!* (historia de MidiDancer e instrumentación interactiva), 2023 https://support.troikatronix.com/support/solutions/articles/13000100435-guru--session-21-dance-tech-archaeology-

WIRED, *Refik Anadol at ARTECHOUSE in New York City* (contexto de *Machine Hallucination*), 2019.

6

ÁFRICA EN TRÁNSITO: VIDEOCREACIÓN, DESPLAZAMIENTOS ESCÉNICOS Y PENSAMIENTO DECOLONIAL

Juan Carlos Robles

6.1. Introducción

Como investigador en el Museo Internacional de Electrografía —Centro de Innovación en Arte y Nuevas Tecnologías (MIDECIANT) de Cuenca, Universidad Castilla-La Mancha— y como coordinador del convenio interuniversitario entre la Universidad de Málaga (UMA) y la Universidad Cheikh Anta Diop de Dakar (UCAD), Senegal, nos interesamos por la práctica audiovisual contemporánea desde un pensamiento decolonial.

La videocreación, como forma expandida del arte contemporáneo, ha venido tensionando las formas de representación, tiempo, territorio y cuerpo desde sus orígenes. Sin embargo, gran parte de este campo ha permanecido anclado en formas de mirada eurocéntricas, reproduciendo, jerarquías coloniales en la forma en que se articula lo visual, lo narrativo y lo escénico. Frente a esta constatación, emerge una necesidad urgente de repensar el lugar de la videocreación desde una óptica decolonial: una que no solo critique la colonialidad en sus múltiples formas, sino que proponga activamente modos otros de producir imagen, escena y comunidad en igualdad.

En este capítulo proponemos una aproximación crítica y situada a la videocreación desde la perspectiva de la decolonialidad, tomando como referentes fundamentales producciones audiovisuales mostradas en las últimas ediciones de la bienal Dak`Art de Dakar, Senegal, en la que participan artistas de todo el continente africano, y en una serie de programas, colectivos y experiencias curatoriales e institucionales desarrolladas en el contexto español, comprometidas con la transformación de los modos de representación en igualdad: el *Grupo de pensamiento, prácticas y activismos Afro/Negros* del Museu d'Art Contemporani de Barcelona (MACBA); el programa *Poliglotía* del Institut Valencià d'Art Modern (IVAM); *PLURI-IDENTITAS* del Museo de la Universidad de Alicante (MUA); *Voces situadas* del Museo Nacional Centro de Arte Reina Sofía (MNCARS); y por último el proyecto *Territorio e identidades* del Museo Internacional de Electrografía (MIDECIANT) en el que se enmarca mi investigación —producción audiovisual y labor curatorial—. Estos programas fueron presentados en el marco del Webinar organizado por la Red de Museos por la Igualdad (RMI), el 19 de noviembre de 2024, sobre buenas prácticas relacionadas con la diversidad en los museos. Coordinado por Julia Cabrera, el encuentro permitió visibilizar y compartir experiencias que operan desde la escucha situada, la reactivación de memorias históricas, la performatividad comunitaria, la conceptualización de la otredad y el descentramiento del canon artístico como estrategia comunicativa.

En las últimas décadas, la escena ha experimentado un desplazamiento significativo desde el ámbito tradicional escenográfico hacia los espacios de representación artística en museos y centros de arte contemporáneo. Este tránsito ha implicado una transformación en los modos de producción, exhibición y recepción de lo escénico, que ahora se intercepta con prácticas como la videocreación, la instalación, la performance y el arte conceptual. Al situarse en estos nuevos contextos institucionales, la escena se libera de predeterminadas lógicas de la representación y del tiempo lineal, adoptando formas más fragmentarias, inmersivas y procesuales. Esta migración no solo responde a una ampliación de los lenguajes artísticos, sino también a una necesidad crítica de repensar la dramaturgia visual desde marcos decoloniales y transdisciplinares, que cuestionan los regímenes de visibilidad heredados de la modernidad occidental.

A lo largo del capítulo se articularán los marcos teóricos de la decolonialidad con análisis de casos de videocreación y prácticas escénico-visuales, explorando cómo el escenario puede funcionar como espacio simbólico y material en centros de arte para una reapropiación del relato visual desde voces afrodescendientes, migrantes, disidentes, locales y subalternizadas. El objetivo no es solo analizar experiencias audiovisuales, y contextualizar la creación artística y curatorial del autor de este capítulo —las estrategias videográficas utilizadas desde Territorios e identidades—, sino también imaginar otras posibilidades de creación y relación desde un quehacer escénico y videográfico que se desplace de las lógicas coloniales hacia espacios de enunciación comunitarios y afectivos.

6.2. Marco teórico: decolonialidad y prácticas audiovisuales

Hablar de decolonialidad exige rebasar los marcos poscoloniales. Como advierte Aníbal Quijano (Quijano, 2000), la colonialidad persiste tras la independencia formal al anidar en los regímenes de saber, poder y ser; decolonizar implica, pues, una ruptura político-epistémica con esas matrices de dominación. Cultura, arte y educación se constituyen bajo constelaciones de poder que definen lo «propio» y lo «otro»; de ahí que la producción artística del Sur global siga valorándose por criterios sociales o religiosos —no estéticos— mientras la del Norte global se legitima como neutral. María Lugones añade que dicha colonialidad atraviesa género y cuerpo, golpeando de modo específico a mujeres racializadas y disidencias. Desde la trata transatlántica de esclavos, el proyecto imperial moderno cimentó un orden mundial que aún estructura política, economía y cultura. Las teorías poscoloniales examinan esas continuidades, situando las narrativas de colonizados y colonizadores para visibilizar la explotación sistemática que se legitima mediante supuestas diferencias culturales. Las élites de la Ilustración de Europa Occidental proporcionaron las pruebas apropiadas «ofreciendo argumentos 'convincentes' e imágenes memorables de diferencia y superioridad o inferioridad» (Kravagna 2016). Las perspectivas poscoloniales exponen las diferencias construidas que hacen que la degradación y la opresión del «otro» parezcan consecuentes, y señalan cómo los estereotipos racistas y los términos polarizantes se cuelan en la comunicación visual de las sociedades occidentales.

En consecuencia, es evidente la necesidad de que los campos del arte, la cultura y la educación en el Norte global avancen en la reflexión y la superación de las actitudes coloniales. Se debe analizar el impacto de las actitudes coloniales desde tres perspectivas de los estudios literarios (Castro Varela/Dhawan, 2015). Nos referimos en primer lugar al estudio *Orientalismo* de Edward Said (979), que revela la exotización occidental y la construcción de un supuesto Oriente. En segundo lugar nos acercamos al concepto de hibridez de Homi K. Bhabha (1994), que propone un modelo de tercer espacio en el que «las diferencias culturales ya no pueden ser identificadas y, por tanto, no pueden ser apropiadas» (Castro Varela/Dhawan, 2015). El tercer enfoque nos lleva a la literata Gayatri Chakravorti Spivak, quien sostiene que hay que desaprender los privilegios y las clasificaciones eruditas de una comprensión colonial de la educación (Spivak).

En el campo audiovisual, pensar desde la decolonialidad implica interrogar no solo quién representa, sino cómo se construyen las imágenes, qué cuerpos se muestran, qué narrativas se legitiman y bajo qué dispositivos se articula la mirada. La videocreación se convierte así en un espacio privilegiado para explorar tensiones, articular imagen, sonido y presencia, y desestabilizar la mirada exotizante mediante recursos híbridos y un desaprendizaje de las clasificaciones coloniales.

Tanto los programas, colectivos y experiencias curatoriales del contexto español citados anteriormente como las obras presentadas en la bienal Dak'Art en Dakar, Senegal, ofrecen marcos metodológicos y estéticos para una video-creación situada y comprometida, que interrumpe la lógica hegemónica de representación y abre espacios de aparición para otras corporalidades, memorias y modos de existencia locales, globales y diaspóricos.

La imagen en movimiento, inscrita en dispositivos expositivos abiertos, permite cuestionar quién establece los criterios estéticos y con qué jerarquías. Las teorías pos/decoloniales (Said, Bhabha, Spivak) muestran que los relatos coloniales aún estructuran las prácticas culturales. En este sentido, proponemos desaprender los privilegios epistémicos, desmontar oposiciones como arte «superior» / arte «étnico» y activar un espacio híbrido donde lo diferente no sea asimilado.

Videocreación y decolonialidad se cruzan al reescribir la escena institucional, activar procesos de desaprendizaje colectivo y generar futuros donde las imágenes no reproduzcan jerarquías, sino que las desmantelen. La imagen en movimiento deviene así práctica de micro utopía: suspende la lógica colonial del archivo y ensaya nuevas formas de convivencia sensorial y política. Al desplazar la mirada del juicio estético a la copresencia crítica, se materializa como dispositivo para una pedagogía escénica decolonial.

Hoy, la práctica audiovisual es un laboratorio donde ensayar —escénicamente— la desarticulación de los criterios coloniales que han definido quién puede ocupar el centro de la mirada. Al situar la cámara y la instalación como dispositivos participativos, se desborda el canon museístico y se problematiza la noción de cultura como construcción que separa lo «propio» de lo «otro».

Ese desplazamiento se hace tangible cuando centramos la atención en la red de iniciativas institucionales en nuestro contexto y en la bienal Dak'Art, donde se ponen en relación arte, activismo y pedagogías decoloniales:

• Dak'Art — Bienal de Arte Contemporáneo Africano de Dakar, Senegal.

La última edición en 2024, bajo el lema «The Wake / L'Éveil / Xàll wi», reunió a 58 artistas de África y su diáspora que trabajan del dibujo a la realidad virtual, el diseño sonoro y el cine expandido, evidenciando cómo la imagen-tiempo sirve para reinscribir memorias coloniales y proyectar futuros afrocentrados.

- MACBA — Grupo de pensamiento, prácticas y activismos Afro/Negros.

Este grupo de trabajo investiga la producción histórico-visual de la «raza» y propone imaginar otros órdenes políticos y afectivos. Sus sesiones generan material audiovisual, performativo y de archivo que desmonta la mirada eurocéntrica dentro del propio museo.

- IVAM — Programa Poliglotía.

Nacido en 2021, funciona como una «escuela de saberes diversos» donde las lenguas migrantes, la radio en vivo y la mediación colectiva convierten el museo en un plató de narrativas plurales. Cada edición incorpora piezas de vídeo, sonido e improvisación que cuestionan quién habla y en qué idioma se articula la escena pública.

- MUA — Bienal PLURI-IDENTITAS.

Convoca obras que «derriban los límites en la construcción de las identidades étnico-culturales, afectivo-sexuales y funcionales». Las videoinstalaciones seleccionadas ensayan formas híbridas —entre documental, performance y arte digital— que multiplican los relatos de pertenencia y dislocan los marcos normativos del cubo blanco.

- MNCARS — Programa Voces situadas.

Con formato asambleario y disposición circular, transforma el museo en un ágora audiovisual: debates, proyecciones y acciones sonoras donde público y ponentes intercambian roles y generan conocimiento situado sobre migraciones, racismo o derechos culturales.

- MIDECIANT — Territorios e identidades.

Cuestiona las representaciones coloniales en torno al continente africano, y sus diásporas, Latinoamérica y Europa, proponiendo formas de visualidad ancladas en el reconocimiento de la diversidad epistemológica y afectiva.

Estos programas comparten tres vectores que enlazan con el eje teórico planteado:

- Desaprender el canon.

  Retoman la apuesta de Said, Bhabha y Spivak por cuestionar las jerarquías de conocimiento; en lugar de «mostrar» otras culturas, invitan a co-producir las reglas de visibilidad dentro del museo.

- Escena relacional.

  Siguiendo la estética relacional (Bourriaud, 1998), las videoinstalaciones y las asambleas sonoras se configuran como intersticios sociales donde el público deviene agente, no espectador.

- Micro-utopías audiovisuales.

  Cada pieza, taller o emisión en directo opera como ensayo de un mundo por venir: multilingüe, posnacional y anti-racista. La cámara no documenta; activa desplazamientos de lugar, voz y poder.

En conjunto, estas experiencias muestran como la videocreación puede ser una práctica de desplazamiento escénico decolonial: desarma la mirada colonial, redistribuye la palabra y reimagina la convivencia desde alianzas instituyentes-comunidad.

6.3. DakArt: una mirada desde la decolonialidad y los desplazamientos escénicos audiovisuales

— Contexto y conceptualización de las bienales.

Desde su primera edición en 1992, la Bienal de Dakar ha buscado promover un diálogo intercultural que refleje las realidades sociales, políticas y culturales del África subsahariana. En sus últimas ediciones, esta misión se ha intensificado mediante una curaduría que prioriza voces emergentes y prácticas experimentales. La incorporación del videoarte y otras formas audiovisuales responde a una tendencia global hacia la expansión del medio digital como herramienta de resistencia y autodefinición cultural.

Las Bienales de Dakar, celebradas en 2018, 2022 y 2024 se han consolidado como uno de los eventos más significativos para la promoción del arte contemporáneo africano y su diálogo con las prácticas globales. En particular, la sección dedicada a la producción audiovisual ha emergido como un espacio crucial para explorar las tensiones entre tradición y modernidad, así como para cuestionar las narrativas hegemónicas sobre el continente africano.

A continuación, se analiza cómo estas ediciones han articulado una visión de la videocreación que desafía los discursos coloniales y promueve desplazamientos escénicos desde una perspectiva decolonial.

— Un compromiso con la producción audiovisual como práctica decolonial.

En la Bienal de 2018 (13.ª edición), el tema central fue «La ville en bleu» (L'Heure Rouge), una referencia simbólica al momento de transición, cambio y reconfiguración del mundo desde una perspectiva africana y afrodiásporica. El comisario principal fue Simon Njami, quien ya había estado a cargo de la edición anterior (2016). En sendas ediciones, la videocreación se ha convertido en un acto performativo y videoinstalativo que desplaza los relatos oficiales hacia perspectivas subalternas, promoviendo desplazamientos escénicos que reconfiguran el espacio visual y discursivo.

Por ejemplo, en esta edición, obras como «Memorias fragmentadas» del artista senegalés Ousmane Sembene (no confundir con el cineasta) presentaron vídeos que reconstruyen historias olvidadas o silenciadas por la historia oficial colonial. Estas piezas utilizan técnicas mixtas —montaje documental, animación experimental y performance digital— para crear un espacio donde lo ancestral dialoga con lo contemporáneo.

Dak'Art 2022 (14.ª edición). En 2022, el comisario artístico principal fue El Hadji Malick Ndiaye, historiador del arte, curador e investigador en el IFAN (Institut Fondamental d'Afrique Noire) y vinculado a varios procesos curatoriales en Senegal y el continente africano, con una fuerte orientación hacia la crítica poscolonial y decolonial.

En 2022, la narrativa visual desafía las representaciones homogéneas del continente africano y propone una visión pluralista basada en experiencias locales. Esta tendencia se profundizó con obras que integran tecnologías emergentes como realidad virtual (VR) y realidad aumentada (AR), permitiendo al espectador desplazarse por escenarios escénicos digitales que representan territorios históricos o imaginados desde perspectivas indígenas o afrodescendientes.

• Bajo el lema «ĩ NDAFFA - Forger - Out of the fire», que subraya la idea de transformación creativa, asimilando el acto de forjar al que surge de nuevas formas artísticas, presentó varias innovaciones digitales:

» Instalación del Village connecté, un espacio interactivo con conexión digital, patrimonio artístico, música y gastronomía

» Programa Synapses, concebido como una red: empleó mapping, cine, danza, y «otros soportes artísticos» para articular la ciudad de Dakar como un cerebro interconectado

» Un ejemplo destacado en esta edición fue «Territorios en movimiento» del colectivo burundés Ubwiyunge Arts Collective, donde se combina videoarte con instalaciones interactivas para explorar desplazamientos forzados y migraciones internas desde una óptica descolonizadora.

• Nuevas espacialidades digitales.

Dak'Art 2024 (15.ª edición), tuvo como directora artística y comisaria principal a Salimata Diop, curadora franco-senegalesa. Esta edición, fue celebrada tras un retraso del 7 de noviembre al 7 de diciembre bajo el tema «The Wake, l'Éveil, Xàll wi (El duelo). Aunque su enfoque central fue ecológico, mantuvo el interés por los medios digitales y tecnológicos:

» Incluyó obras en realidad virtual (VR), sonido, vídeo e instalaciones multimedia .

» No se diseñaron laboratorios tecnológicos como en 2004, pero sí se promovió una programación «IN» pedagógica, con actividades escolares que integraron música, talleres y herramientas digitales

Uno de los aspectos más innovadores en estas bienales ha sido el uso del medio audiovisual para crear desplazamientos escénicos dentro del espacio expositivo. Los artistas han experimentado con proyecciones inmersivas que transforman los espacios tradicionales en escenarios fluidos donde lo visual desplaza o complementa lo físico. Esto genera nuevas formas de interacción entre obra, público y entorno —una especie de teatro expandido— que desafía las jerarquías convencionales del escenario.

La videocreación ha sido una de las principales protagonistas en la 15.ª edición de la Bienal de Arte Africano Contemporáneo de Dakar (Dak'Art 2024), destacados en Videocreación son los siguientes trabajos que ordenamos atendiendo a sus sugerentes títulos:

• «The Wake - Another Dimension»

Curada por Anna-Alix Koffi y presentada como parte de los proyectos especiales de la Bienal, esta exposición se centró en el arte digital y los NFT (tokens no fungibles). Su objetivo fue ofrecer a los artistas africanos nuevas herramientas para monetizar y difundir su trabajo globalmente. Participaron artistas como Isaac Nana Opoku (Ghana), Keren Lasme (Costa de Marfil), Linda Dounia (Senegal) y Youssef El Idrissi (Marruecos), entre otros.

• «Saara Omulaule: Black Saara»

La artista namibia Tuli Mekondjo presentó una video-performance que revive la espiritualidad indígena y rituales africanos, fusionando tradición y modernidad en un formato audiovisual impactante.

• «Hablar a Plantas»

La artista colombiana Astrid González presentó un corto que exalta la medicina afrocolombiana basada en la naturaleza, utilizando imágenes poéticas y simbólicas.

• «The Anthropocene Comedy»

El artista etíope-estadounidense Ezra Wube presentó una animación que reflexiona sobre el consumo industrial y la autodestrucción, con un enfoque nostálgico y lúdico.

- «We Were Clay in a Red River»

La artista dominicana Lizette Nin presentó una instalación multimedia que aborda la identidad y la memoria colectiva a través de la representación del cabello trenzado de mujeres negras.

- «Dzata: The Institute of Technological Consciousness»

El dúo Lo-Def Film Factory y Russel Hlongwane presentó una instalación de vídeo que explora futuros alternativos de manera irónica y lúdica.

6.4. Activismos Afro/Negros en el MACBA y otras visualidades afro/afrofuturistas

El término «afrofiturista» o «afrofuturista» proviene del concepto Afrofuturismo, una corriente cultural, artística y política que imagina futuros posibles (y pasados alternativos) desde una perspectiva afrodiaspórica. El término surge principalmente en los años 90, aunque la estética y el pensamiento afrofuturista existen desde antes. El Afrofuturismo es una forma de reimaginar el futuro —y también el pasado y el presente— desde la experiencia y cosmovisión de las personas negras, integrando elementos de Ciencia ficción, Tecnología, Misticismo africano, Cultura pop y ancestral, Crítica social y políticay Estética especulativa

El término fue acuñado por el crítico Mark Dery en 1994, en su ensayo «Black to the Future», para describir una corriente cultural que usa la imaginación para subvertir narrativas dominantes y coloniales, colocando a los cuerpos negros como protagonistas del porvenir.

Así, llamar a alguien o algo afrofuturista (o afrofuturista) significa que su obra, identidad o práctica:

- Propone futuros donde las personas negras están en el centro de la narrativa.
- Cuestiona y descoloniza el tiempo y la historia.
- Utiliza la tecnología, la música, la literatura, el arte o la moda para expresar formas alternativas de existencia.

- Se conecta con raíces africanas o afrodescendientes, incluso en contextos donde esas raíces fueron negadas, silenciadas o borradas.

¿Cómo se vincula el afrofuturismo con la decolonialidad y la videocreación?

• Subversión del canon audiovisual occidental.

El afrofuturismo desafía las narrativas visuales hegemónicas que han borrado, exotizado o victimizado a los cuerpos negros. Lo hace generando imágenes donde lo negro es futuro, poder, agencia y conocimiento. Esto se alinea con una práctica decolonial que no solo critica el archivo colonial, sino que lo reimagina desde otros marcos epistemológicos.

• Estética especulativa como estrategia decolonial.

La videocreación afrofuturista no se limita a denunciar: imagina. Produce mundos donde la ancestralidad, la espiritualidad africana y la tecnología se entrelazan. Esto desestabiliza la linealidad del tiempo colonial-moderno y propone una narrativa circular, rizomática, no occidental.

• La escena como espacio de reensamblaje de mundos.

En una instalación, performance o pieza audiovisual, lo afrofuturista no solo se ve: se habita. La escena se vuelve un laboratorio para ensayar otros modos de existir, pensar y sentir —más allá de la blanquitud, el capitalismo o el humanismo eurocéntrico.

En el cruce entre videocreación y decolonialidad, el afrofuturismo emerge como una potencia crítica y poética. No se trata solo de representar cuerpos racializados, sino de permitir que esos cuerpos fabriquen otros futuros, donde la tecnología no sea una forma de control, sino un espacio de emancipación simbólica. Las obras afrofuturistas, desde el cine de ciencia ficción hasta videoinstalaciones experimentales, despliegan temporalidades dislocadas y espacios imaginarios que operan como grietas en la lógica colonial del archivo visual.

El afrofuturismo, más que una estética, es una forma de pensamiento y una práctica cultural que articula memoria, futuro y resistencia desde las experiencias afrodiaspóricas. En el contexto de la videocreación contemporánea, el afrofuturismo se presenta como una estrategia visual y política que desborda el relato histórico hegemónico, reconfigurando el espacio-tiempo audiovisual desde una posición de enunciación radicalmente otra. A través de lenguajes híbridos que combinan ciencia ficción, espiritualidad africana, tecnología, archivo y performance, el afrofuturismo subvierte tanto el régimen escópico occidental como sus narrativas sobre el progreso, la identidad y la historia. El cuerpo negro ya no aparece como residuo del pasado colonial, sino como agente central de un futuro posible, en el que la tecnología y la memoria ancestral no son antagónicas, sino aliadas. Desde una perspectiva decolonial, estas prácticas no solo proponen una representación alternativa de las subjetividades racializadas, sino que interrogan activamente las condiciones materiales y simbólicas de la imagen. ¿Quién tiene derecho a imaginar el futuro? ¿Qué cuerpos están autorizados a habitar la escena futurista? ¿Qué temporalidades quedan fuera de los discursos modernos sobre tecnología, archivo y visualidad?

Un ejemplo paradigmático es el trabajo de Tabita Rezaire, artista afrofuturista cuya videocreación combina lenguajes digitales con espiritualidad africana y crítica decolonial. En obras como «Afro Cyber Resistance» o «Deep Down Tidal», Rezaire invoca una cartografía de saberes no occidentales, donde Internet, los saberes ancestrales y la memoria colonial se entrelazan en un espacio audiovisual inmersivo y profundamente político. Su estética rompe con la narrativa lineal, generando una experiencia sensorial que invita a repensar la tecnología desde una cosmología afrodiaspórica.

Otro referente clave es Martine Syms, quien trabaja con vídeo, medios digitales y performance para explorar la performatividad racial, la autorrepresentación y la circulación de imágenes negras en la cultura contemporánea. Su videocreación desplaza el realismo tradicional para construir relatos fragmentados y poéticos, donde la escena funciona como archivo vivo de tensiones históricas, afectivas y tecnológicas.

Desde esta perspectiva, el afrofuturismo no es solo una estética futurista con «personajes negros», sino un modo de producción audiovisual insurgente, que reconfigura tanto el dispositivo escénico como el régimen de sentido de la imagen. La videocreación afrofuturista —y más ampliamente, afrodiaspórica— se sitúa así en un umbral: entre lo visible y lo invisible, entre el archivo y la ficción, entre el duelo colonial y la esperanza de un futuro por venir.

Lejos de una estética de la nostalgia o la victimización, el afrofuturismo propone una poética especulativa de la emancipación: un futuro donde la memoria ya no es trauma sin resolución, sino materia viva para construir otros mundos posibles. La videocreación, en tanto práctica visual expandida, ofrece así un espacio privilegiado para que estas imaginaciones radicales se hagan visibles, tangibles, compartibles.

El MACBA ha reforzado su compromiso con la descolonialidad a través de iniciativas enfocadas en comunidades afrodescendientes y en la expansión de marcos espaciales, temporales y culturales no eurocéntricos. Uno de los aportes más sugerentes del trabajo curatorial del MACBA ha sido la incorporación de prácticas afrofuturistas que desplazan las coordenadas habituales de lo escénico y lo visual. Ejemplo de ello fue el «Sábado Afrofuturista» en el marco de la muestra «Territorios indefinidos: reflexiones sobre el poscolonialismo» (2019), donde se congregaron performances, proyecciones y sesiones de escucha colectiva. La participación de artistas como Kapwani Kiwanga y el colectivo Jokkoo dio lugar a una escena expandida donde la imagen no era un mero soporte, sino un agente activo de memoria, disidencia y posibilidad.

Kiwanga fue invitada como artista y conferenciante a la jornada. En la Capella del museo, presentó una lectura performativa con videoproyecciones sobre temas como el afrofuturismo, la mitología, la ciencia y la construcción de historias alternativas. En esta presentación, realizó el vínculo entre ciencia ficción, mitología africana y tecnología espacial, aludiendo incluso al papel de personas negras en la Agencia Espacial de EE. UU., mezclando realidad y ficción para imaginar futuros posibles desde una cosmovisión afrodiaspórica. Kiwanga formó parte del grupo de artistas (junto a Black

Audio Film Collective, Daniela Ortiz, Naeem Mohaiemen, entre otros) en la exposición «Territorios indefinidos» comisariada por Hiuwai Chu. Su intervención, aunque situada en el contexto afrofuturista del «Sábado afrofuturista» mencionado, contribuyó a la reflexión sobre el legado colonial en su trabajo escénico-videográfico dentro de la muestra.

El colectivo afrodescendiente Jokkoo con sede en Barcelona combina música electrónica, prácticas audiovisuales y activismo anticolonial. Está formado por seis artistas: Baba Sy, Maguette Dieng (Mbodj), Oscar Taylor (Opoku), Nicolas Beliot (Mookió), Ismäel N'diaye (B4mba) y Miriam Camara (TNTC). Su trabajo se enmarca en una estética afrofuturista y de resistencia cultural, proponiendo nuevas narrativas sobre las diásporas africanas desde lo sonoro, lo visual y lo performativo. Jokkoo con «Alien Nomad Sound» en el «Sábado Afrofuturista», participó en una jornada en torno a la exposición «Territorios indefinidos». Esta propuesta exploró nuevas narrativas sonoras desde una perspectiva africana y diásporica. La idea fue visibilizar músicas africanas electrónicas contemporáneas que no suelen tener espacios en la escena local. Actuaron en formato de performance sonora en vivo, dentro de un programa interdisciplinar que combinaba charlas, rutas y reflexiones sobre la huella colonial.

Recientemente, Jokkoo en «Radio Alhara live» — esta vez el 9 de febrero de 2024— formaron parte del ciclo «Canción para muchos movimientos. Escenarios de creación colectiva», celebrado en la planta baja del edificio Meier del MACBA. En esta actividad en directo junto a Miramizu, Rasheed Jalloul y Sabine Salamé, retransmitieron una exploración colectiva de solidaridad sonora, transmitida por Radio Alhara, con contenidos que giraban en torno a la empatía y la liberación colectiva.

A ello sumamos las propuestas del colectivo Mohamed y otras iniciativas afrodescendientes que permiten pensar cómo esta genealogía se transforma desde lo racial y lo decolonial.

Estas experiencias de escena, sonoras y videocreativas no se presentan como objeto cerrado, sino como dispositivo relacional que se activa en la presencia colectiva. Lo escénico se reconfigura no como representación, sino como acontecimiento. Aquí la decolonialidad no es solo un contenido, sino una forma de estar y hacer en el mundo.

Otro ejemplo relevante presentado en este marco conceptual recuperado en el MACBA, que consideramos como referente histórico, es el proyecto Video-Nou (1977-1983) donde se utilizó el vídeo como herramienta de contrainformación. Video-Nou fue un colectivo creado a raíz de les Jornadas de Vídeo organizadas por el CAIC (Buenos Aires), que tuvieron lugar a principios de 1977 en la Fundación Joan Miró de Barcelona. Los miembros del colectivo, integrado en parte por ex-alumnos/as del curso CIPLA del Instituto del Teatro de Barcelona, procedían de los ámbitos del periodismo, la sociología, la enseñanza, la fotografía, la arquitectura, el arte y el diseño —más tarde se sumaron otros procedentes del urbanismo, la antipsiquiatría y las artes escénicas—. Explora los diversos campos de aplicación del vídeo: social, artístico, documental, educativo y profesional. La actividad de Video-Nou se fue centrando en la práctica de la comunicación horizontal, bidireccional y participativa, en el ámbito de lo que entonces se conocía como «animación sociocultural»: produciendo vídeos elaborados con la participación directa de los propios interesados que se difunden inmediatamente en su contexto específico y que denominaban «intervención vídeo». Aunque no surgió desde una perspectiva afrodescendiente, este antecedente permite pensar en cómo lo videográfico puede convertirse en herramienta crítica frente a los discursos hegemónicos.

6.5. Pluralidad de voces y prácticas institucionales: Poliglotía (IVAM), PLURI- IDENTITAS (MUA) y Voces situadas (MNCARS)

La videocreación decolonial también la encontramos como dispositivo activo en los programas del IVAM, MUA y MNCARS, configurando un campo fértil para la experimentación crítica, la activación de memorias múltiples y la interpelación de narrativas dominantes.

En el caso del programa Poliglotía del IVAM (2021-2024), la videocreación ha sido puesta en diálogo con la multiplicidad lingüística como forma de resistencia. Las obras presentadas en este marco experimentan con idiomas, acentos y silencios que desestabilizan el imaginario cultural dominante, convirtiendo el escenario audiovisual en una escena de escucha radical.

El programa Poliglotía es un «espacio de encuentro y mediación desde una perspectiva híbrida e intercultural», a través de:

- Un Grupo de Estudios Políglotas inicial (12 lenguas maternas representadas).
- Programaciones que usan el museo como recurso para aprender el español aplicando exposiciones como herramientas pedagógicas.
- La Escuela de Saberes Diversos (2023), generando mediaciones que ponen en diálogo saberes, experiencias, lenguajes, gestos y teatralidades.

Aquí, la videoescena se entrecruza con la mediación oral y performativa: idiomas, acentos y silencios actúan como herramientas que desestabilizan los imaginarios coloniales. Se utiliza la videoescena para interpelar desde voces locales. Poliglotía convierte la exposición en un espacio de escucha radical, donde lo incompleto, lo no dicho y lo plurilingüe reconfiguran el museo como campo de resistencia.

Por otro lado, PLURI-IDENTITAS, impulsado por el MUA, aborda las intersecciones entre identidad, raza, género y sexualidad, activando genealogías disidentes a través de la videocreación. Aquí lo escénico se configura como espacio de aparición para cuerpos excluidos del archivo oficial, reclamando una dramaturgia visual del derecho a existir.

La convocatoria PLURI-IDENTITATS propone generar un espacio expositivo que «cuestiona, desafía y derroca los límites en la construcción de las identidades étnico-culturales, afectivo-sexuales, funcionales...». Por medio de:

- Una plataforma abierta a artistas de todas nacionalidades, géneros y orientaciones, con resultados expuestos en la Sala Sempere (2019, 2021, 2023).

- Actividades complementarias: mesas redondas sobre visibilidad trans, mediación cultural, talleres con colectivos, performances y visitas teatralizadas.

Aquí, el cuerpo excluido reclama su espacio escénico mediante videoarte. La videoescena no solo presenta cuerpos poscoloniales, sino que forma parte activa de una poética identitaria y política que interroga la norma hegemónica.

Finalmente, Voces situadas (desde 2018) del MNCARS encarna una práctica de archivo encarnado y pedagogía crítica donde las comunidades migrantes, racializadas y feministas se convierten en protagonistas de su propia narración visual.

El vídeo en este contexto no es un producto, sino un proceso, un espacio de negociación colectiva de memorias, afectos y horizontes. Voces situadas se estructura como un espacio asambleario, circular y sin jerarquías. Ejemplos recientes incluyen debates sobre fronteras, vivienda, salud y militarización. Su metodología está basada en:

- Un formato asambleario, con reparto equitativo del habla y sin distinción rígida entre organizadores y participantes.
- Encuentros que se centran en experiencias situadas de comunidades migrantes, racializadas y feministas, dando lugar a memorias colectivas (DJ del Sindicato de Manteros, colectivos vecinales, etc.)

Complementariamente, no podemos dejar de mencionar la exposición «Entre círculos y constelaciones» que la artista Bouchra Khalili realizó en el Museo Nacional Centro de Arte Reina Sofía (MNCARS), en Madrid del 17 de febrero al el 21 de mayo de 2023. Esta muestra, comisariada por Chema González, presentó una selección de obras audiovisuales, instalaciones y material documental que abordan temas como la resistencia anticolonial, las migraciones, y las genealogías de la lucha colectiva desde una perspectiva crítica y transnacional. La artista seleccionó películas y vídeos que responden a algunos de sus proyectos más recientes: «The Circle» (2023), «The Magic Lantern» (2019-2022), «Twenty-Two Hours» (2018) y «The Tempest Society» (2017). En esta selección, la artista reúne a pioneros del cine sobre migración en Francia, aliados que utilizan sus cámaras para apoyar las luchas de los inmigrantes por la igualdad de derechos, el feminismo y el internacionalismo. El conjunto de estas obras fílmicas comparten haber sido eclipsadas por la historiografía oficial del cine y el vídeo. Se visualiza una práctica clave del método de Khalili: resucitar lo «no archivado». Este programa de cine y vídeo, nos invita a un viaje de recuperación de lo eclipsado, como el Movimiento de Trabajadores Árabes (MTA) y sus grupos de teatro en Francia durante la década de 1970, que se despliega a través de la ficción de «Les Ambassadeurs» de Naceur Ktari y de rastros documentales que en su mayoría han sido creados colectivamente por pioneros del vídeo y del cine militante en 16 mm y super 8 mm, como los producidos por Cinélutte, Vidéo 00, Collectif Mohamed, o Week end à Nanterre. Estos dos últimos ofrecen uno de los primeros gestos cinematográficos de autorrepresentación de la juventud inmigrante en Francia. Este viaje fílmico concluye con Carole Roussopoulos, uno de los que la propia Khalili denomina «fantasmas recurrentes» en su obra, pionera del videoarte y el activismo que filmó movimientos por la justicia social, luchas obreras y de resistencia feminista. El vídeo en este contexto es archivo encarnado, un proceso de coguionización colectiva que negocia memorias, afectos y horizontes.

Al comparar las experiencias citadas con los proyectos de videoescena y videoinstalativos que desarrollamos desde Territorios e Identidades (MIDECIANT), hallamos una proximidad en el situar la voz comunitaria en el centro, desdibujar la distancia entre creador y comunidad, y convertir al vídeo en un dispositivo que hace visible y sensible el proceso de construcción del relato desde una perspectiva decolonial.

6.6. Territorios e identidades (MIDECIANT): archivo, cuerpo y descolonización simbólica

Este bloque se articula en dos apartados, el primero describe una experiencia expositiva colectiva con artistas de tres continentes y el segundo se centra en algunos proyectos expositivos del autor de este capítulo que ponen en práctica el concepto de desplazamiento escénico decolonial desde la videoinstalación performática.

6.6.1. Territoires et identités, experimento transnacional de videocreación

Territoires et identités se concibió como un experimento transnacional de videocreación impulsado por Trias Culture (Dakar), MIDECIANT-UCLM (Cuenca) y la Universidad de Málaga. Comisariada por Ana Navarrete y Juan Carlos Robles, la muestra —acogida por el Institut Africain de Management (IAM) de Dakar 2023— despliega 25 obras que vuelven porosas las fronteras entre África, Latinoamérica y Europa. Su verdadero reto curatorial no fue «mostrar» territorios distantes, sino desplazar la escena: situar la producción audiovisual en el corazón de Dakar para invertir los flujos coloniales habituales y generar un espacio de copresencia donde artistas, estudiantes y público negocian en tiempo real las políticas de la mirada.

— Videocreación como cartografía crítica.

Nos situamos ante una experiencia que aborda las tensiones entre territorio, memoria e identidad desde una perspectiva crítica que ha buscado cuestionar las representaciones coloniales en torno al continente africano, y sus diásporas, Latinoamérica y Europa, proponiendo formas de visualidad ancladas en el reconocimiento de la diversidad epistemológica y afectiva. Las piezas monocanal y las series fotográficas de pequeño formato funcionan como cartografías portátiles. Su economía de medios favorece la circulación rápida y la reproducción rizomática: el archivo digital viaja, se comparte, se re-monta, impugnando la lógica patrimonial que suele fijar la obra en colecciones del Norte global. Al activar pantallas, proyectores y altavoces en el campus del IAM, la exposición convierte el aula en un plató efímero donde las imágenes interpelan cuerpos presentes; el espectador deja de ser consumidor pasivo y se convierte en agente escénico que decide qué ver, cuánto tiempo permanecer y con quién conversar.

— Decolonialidad: desmontar territorios hegemónicos.

Desde la óptica de los estudios pos-/decoloniales, el «territorio» ya no es superficie neutra sino dispositivo de poder que ha clasificado cuerpos y saberes durante siglos. Las obras seleccionadas —entre documental especulativo, ensayo visual, animación digital y performance filmada— abordan:

» Memoria atlántica y migración: relatos que entrelazan archivos familiares, mapas de rutas clandestinas y voces en off que denuncian la continuidad del extractivismo.

» Identidad e hibridación: sujetos que encarnan lenguas, ritmos y gestualidades múltiples, en línea con el «tercer espacio» de Bhabha; la identidad aparece como montaje audiovisual y fotográfico siempre inacabado.

» Territorialidades afectivas: videodiarios íntimos que desplazan el enfoque del «paisaje» hacia la experiencia encarnada —la piel, la respiración, la memoria sensorial— reivindicando un saber situado.

— Desplazamientos escénicos: del cubo blanco al foro relacional.

La decisión de trabajar con formatos ágiles responde a una estrategia de hospitalidad: los vídeos pueden instalarse en pasillos, patios o aulas sin exigir la asepsia del cubo blanco, rompiendo así las jerarquías expositivas de la modernidad occidental. Cada pantalla opera como intersticio social (Bourriaud): convoca micro-audiencias, dispara conversaciones improvisadas y articula una dramaturgia expandida que atraviesa todo el edificio. En lugar de un recorrido lineal, el visitante habita un constelario audiovisual donde los relatos se cruzan y se contradicen, activando una escucha epistémicamente diversa.

— Hacia micro-utopías de la imagen-tiempo.

Al descentrar la narrativa oficial sobre África y sus diásporas, Territoires et identités encarna la potencia de la videocreación decolonial: no solo representa otras voces, sino que rediseña las condiciones de exhibición para que esas voces produzcan conocimiento colectivo. El resultado es una micro-utopía escénica donde las fronteras —geográficas, disciplinarias, institucionales— se vuelven permeables y negociables. Así, la exposición demuestra que la videocreación puede ser a la vez lenguaje crítico, plataforma pedagógica y herramienta de desplazamiento cultural, capaz de reimaginar la relación entre territorio, memoria e identidad más allá de los confines coloniales.

Dentro de esta exposición destacamos varios trabajos audiovisuales:

— Melissa Allela (Kenia) presenta «Zamani Yajayo (El pasado y lo que vendrá en su idioma natal el Swahili)», 2015. Esta vídeo-performance forma parte de una serie de entrevistas a través de la animación digital que exploran la imagen que los kenianos proyectan del país recorriendo cincuenta años, como un intento de estimular la reflexión sobre una serie de ideas, tendencias culturales, normas sociales, perspectivas políticas, comentarios sociales y filosofías individuales de cara al futuro, a partir de la perspectiva cotidiana de la población local.

— William James (Reino Unido) presenta «Five Living Rooms», 2022, un montaje de cinco fotografías digitales panorámicas de los comedores de apartamentos situados en un solo edificio en Bellvitge, un polígono de viviendas sociales en las afueras de Barcelona. Construidas a partir de 1964, casi todas las 9.780 viviendas siguen el mismo modelo, concebido para alojar a muchas familias entre los centenares de miles de españoles que emigraron a la zona durante las décadas de los 60 y 70 en búsqueda de empleo y a familias de las siguientes diásporas.

— Ana Sedeño (España) en «Tokio Tango», 2022 edita un vídeo en el que la ciudad se manifiesta como un cúmulo de cuerpos y espacios que se levantan y se suman, se ciernen sobre los cuerpos que pueden atravesarlos y habitarlos luchando por un espacio cada vez más escaso. Cuerpos y trayectos construyen la identidad contemporánea y las formas de la percepción.

— Louis Kruger (Sudáfrica) muestra la videocreación «Evocación (búsqueda de las huellas visionarias)», 2022. El lenguaje, el legado y la tierra son algunos de los temas explorados en este vídeo, a través de figuras ocultas cuidadosamente colocadas que se enfrentan e invitan al espectador a una inspección más detallada de este fotomontaje digital en capas. Esta obra crea una experiencia mística en la imaginación, al combinar el potencial de animación del paisaje del sitio de arte rupestre de Khoisan Wildebeest Kuil (en Sudáfrica) con elementos de prácticas olvidadas y la tecnología actual.

— Asimismo, la serie fotográfica «Pueblos de colonización (1945-1975)», 2022, de Ana Navarrete (España) problematiza el experimento utópico-totalitario que supuso la construcción de los pueblos de colonización durante la dictadura franquista. Estas intervenciones arquitectónicas no solo pretendían reconfigurar el paisaje agrícola, sino también producir un nuevo sujeto nacional: rural, disciplinado, reproductivo. A través de la imagen estática Navarrete reactiva este archivo arquitectónico-político desde una mirada crítica. Aquí la arquitectura se convierte en escenario, en lugar de confrontación entre la promesa del progreso y la violencia del ordenamiento social.

— Henry Lamiña (Ecuador) bajo el título «Anacronismos tecnológicos», 2022, presenta un vídeo que reflexiona sobre los procesos de creación que implican tecnologías de la imagen, se plantea ofrecer lecturas alternativas de imaginarios tecnológicos analógicos, artesanales, ancestrales y contemporáneos a través de montar y activar dispositivos heterogéneos, proponiendo así, diálogos entre tecnologías de tiempos, espacios y territorios diferentes.

— Juan Pablo Pacheco (Colombia) presenta el vídeo «Counterflow» (Contraflujo), 2021, que muestra la topología de cables submarinos y el movimiento de buques de contenedores en los siete lugares de amarre de Atlantis-2, el único cable de fibra óptica que conecta Europa y Sudamérica y que sigue una de las rutas marítimas creadas por los imperios coloniales de España y Portugal en el siglo XVI. Datos recolectados del shipmap de Kiln y del mapa de cables submarinos de TeleGeography.

— La serie fotográfica «Los niños en mi barrio», 2021, de Fatou Sene (Senegal) se inscribe en una lectura decolonial que desplaza el foco de la mirada exotizante para situar a la infancia talibé —niños que piden limosna con una olla entre las manos— en el centro de un relato de agencia, memoria y resistencia comunitaria. Ambientada en Hersent, barrio de la región de Thiès (Senegal), la obra desnuda la continuidad de estructuras coloniales que aún hoy perpetúan la pobreza y el abandono infantil. Cada escena muestra a un grupo de menores caminando junto a sus propias sombras, figuras que se transforman en metáfora identitaria: la sombra que queda atrás porta las violencias históricas y el despojo heredado; la que avanza delante proyecta un mañana todavía incierto, pero anclado en la posibilidad colectiva de resignificar territorio y derechos. El cuerpo infantil, recurrentemente representado en tránsito, denuncia la movilidad impuesta por la carencia pero, al mismo tiempo, reivindica la circulación como acto performativo de supervivencia y construcción de subjetividad.

— Juan Carlos Robles (España) presenta «Sim Gaïnde», 2022, videoinstalación de carácter performático en la que tres «leones» —figuras carnavalescas de la tradición senegalesa— abandonan el espacio ritual para irrumpir en la urbe de Dakar y avanzar, entre motos y microbuses, hasta el Monumento al Renacimiento Africano. El gesto coreográfico deviene desplazamiento escénico decolonial: un saber popular, históricamente relegado a lo folclórico, ocupa el asfalto y resignifica el símbolo monumental del Estado-nación poscolonial, obra erigida bajo lógicas globales de prestigio turístico. La cámara instalada en el pecho de uno de los danzantes activa una contravisión encarnada: el espectador no contempla, sino que es lanzado dentro de la máscara-animal, percibiendo el latido, los sudores y los titubeos de la marcha. Esta estrategia desestabiliza la distancia exotizante propia del registro etnográfico colonial y convierte la calle en escena móvil, donde los viandantes —primero atónitos, luego cómplices— participan de una dramaturgia colectiva que desborda el museo. La figura del león, emblema de soberanía natural, entra en fricción con el laberinto de hormigón y cables que materializa la promesa modernizadora. El vídeo inscribe así la tensión entre territorio-ecosistema y ciudad-mercado, poniendo en evidencia cómo el proyecto neocapitalista continúa separando humanidad y naturaleza tras el legado colonial. El tránsito de los Sim Gaïnde deviene alegoría de otras rutas migratorias contemporáneas: cuerpos que, empujados por asimetrías históricas, atraviesan fronteras físicas y simbólicas en busca de futuros habitables.

Co-realizada junto al alumnado del Instituto Superior de Artes y Culturas (UCAD), la obra se convierte en plataforma pedagógica: un dispositivo para debatir, desde el Sur global, sobre tecnología, memoria y poder. Al desplegar la danza en clave audiovisual, Robles propone «desaprender» la jerarquía naturaleza/civilización que cimentó la modernidad colonial y ensayar, en su lugar, una escena relacional donde tradición y contemporaneidad se co-escriben. «Sim Gaïnde» no ilustra la cultura senegalesa; la pone a caminar, a rugir y a negociar —en primera persona— su lugar en el presente global.

6.6.2. Videoinstalación performativa: desplazamiento escénico decolonial

Los siguientes trabajos son una selección de videoinstalaciones y video-performance del autor de este capítulo que arrojan una reflexión urgente: la imagen no es neutral, y la escena sí es política. Al invitar al espectador a situarse frente a arquitecturas futuras o frente a otras que fueron espacios de exclusión y desposesión, o a escuchar voces que emergen desde los márgenes, habitantes del Sur global, los trabajos practican una modalidad de investigación artística que disloca e interpela los saberes coloniales instalados. Lo audiovisual y escénico se convierte en un lugar de conocimiento y de confrontación, dispositivo que propone otros futuros posibles a través de la historia y la imagen en movimiento. Esta práctica se inscribe en un eje decolonial, donde la imagen sirve como herramienta política y espacio de diálogo entre culturas. La videoinstalación desplaza la mirada hacia territorios e identidades históricamente marcados por procesos coloniales —como Marruecos y Senegal—. Se concibe la escena como dispositivo que colectiviza la autoría para interrogar las estructuras de poder cultural y las memorias silenciadas.

– «Crossing Lines» (Galería Isabel Hurley, Málaga, 2017) Texto: Amparo Lozano

– *Under Construction*, 2017. Esta videoinstalación multicanal documenta el imponente Palacio de las Artes y la Cultura de Tánger en proceso de construcción en la Cornisa de Tánger. La obra traza una cartografía visual de una infraestructura cultural postcolonial. Este viaje fragmentario, cámara en mano, finaliza en el escenario de la construcción del edificio, e interroga sobre las promesas de modernización. Desde una perspectiva decolonial, se utiliza esta arquitectura como metáfora de un sueño interrumpido: una cáscara que encarna la tensión entre herencia europea y aspiraciones africanas, en una ciudad-límite, expulsora y receptora al mismo tiempo. El viaje de «Crossing Lines» continúa en los Contenedores Rojos del puerto de Algeciras, donde la presencia física del video-ensayo refuerza la dimensión transfronteriza del proyecto: el plan de arquitectura cultural emerge como retórica de conexión en igualdad, pero sigue atado a procesos e inercias coloniales como proceso de turistificación.

– *Malpáis* (Centro de Creación Contemporánea de Andalucía. C3A, Córdoba. Coproducción con el 10° Encuentro Bienal de Lanzarote, 2019-20). Comisario: Álvaro Rodríguez Fominaya.

Se trata de una vídeoinstalación, en tres canales y su desplazamiento escénico como performance al espacio museístico, donde el autor interactúa con el bailarín Guillermo Weickert presencialmente. La obra es fruto de la colaboración entre los dos artistas durante tres días de grabación en la isla de Lanzarote. El título parte del nombre dado en Canarias a un tipo de paisaje volcánico agreste e infértil, y que para los artistas representa «una naturaleza que genera una poderosa atracción al tiempo que rechaza, hiere, y desacoge el cuerpo humano. Una interesante contradicción que conecta con la generación de deseo o la confrontación con el Otro». «Malpaís» plantea un proceso de reconstrucción sensual de momentos físicos y paisajes de ese encuentro en Lanzarote; de las tomas videográficas de un viaje y el intento evidenciar algunos de los motores profundos y los venenos de la creación en torno a la idea de alteridad desde un pensamiento decolonial diaspórico. El bailarín llega a la isla a nado y se encuentra frente a una cámara que lo persigue por la isla. La vídeoinstalación fue precedida como performance en «Malpaís» (copia original) que tuvo lugar en la Caja Negra del C3A. La obra cuenta con diseño sonoro de Andy G. Vidal.

- *Todo espectador es un cobarde o un traidor* (Galería Isabel Hurley, Málaga, 2022). Comisaria: Ana Navarrete.

- La pieza videoinstalativa, *Preludio* (2022), reactualiza otra construcción, el Gran Teatro Cervantes de Tánger, hoy ruina poscolonial. A través de una videoperformance un cantor tangerino alza la voz desde el escenario contra la devastación del edificio con un sentido canto dedicado a Palestina y sin público. Con una escenografía consistente en la proyección del documento audiovisual sobre un fondo fotográfico desplegado en la sala—linternas en penumbra, cantos y nombres de dramaturgos europeos borrados—la obra desvela la hegemonía cultural y propone un canto-resistencia que cuestiona la «futura restauración» como gesto que tiende a re-colonizar la memoria colectiva, y reivindica la resignificación simbólica del edificio y al mismo tiempo pide reconocimiento de lo otro, de la otra orilla del Mediterráneo.

- En la videoinstalación *Contra-público Tangerino* (2022), varias personas de diferentes edades nos miran, nos interpelan, nada sabemos de ellas, solo que es un grupo de personas que proceden de Tánger. Un contra-publico que se confronta a tamaño real con el público en la sala y nos exige analizar nuestra posición, nos obliga a preguntarnos por nuestra relación con el Otro, esa relación ambivalente que imprime el estereotipo colonial entre el deseo y rechazo.

El cubo blanco —tradicionalmente neutral— se convierte en un intersticio social relacional (Bourriaud), donde mirar supone implicarse y negociar colectivamente el sentido de las imágenes, como apunta el título de la exposición tomado de Frantz Fanon. Los conocimientos incorporados e inscritos en el cuerpo —las clasificaciones aprendidas de género, etnia y clase— pueden y deben desaprenderse cuestionando y desplazando un canon existente.

- *Floating Crowd / Multitud flotante* (Galería Aural, Alicante, 2023) comisario: Babacar Nbaye Diop

- *Hablando al mundo. Escenario III. Colectivo en Ndar* (2023) es una videoinstalación con base en Senegal (Saint-Louis, Ndar) que fue presentada inicialmente en la galería Aural de Alicante y posteriormente en el MUPAM (Museo del Patrimonio Municipal de Málaga) en el programa Miradas en movimiento 2024. Desde una óptica decolonial, esta pieza introduce voces africanas como centro escénico: el «colectivo» se une y de uno en uno desde el dispositivo vídeoinstalativo genera una escena híbrida, a modo de ensayo de puesta en escena interpela al visitante europeo sobre las relaciones desiguales y las epistemologías con que se le ha representado. Ndar se convierte, así, en un palco de enunciación donde el Occidente es observado desde el Sur global. La multitud representada sugiere un tránsito sin puntos fijos, reflejo directo de vidas forzadas por el neocolonialismo, la desigualdad económica y las políticas migratorias europeas. Al dislocar la multitud en una escena-espacio flotante, se cuestiona los mapas de control y visibilidad que disciplinan la circulación de cuerpos africanos.

- «Le repos des oiseaux» El reposo de las aves, (Musee Theodore Monod de Art Africain (Dakar, 2023). Texto: Sylvain Sankalè

  En esta videoinstalación la escena se sitúa en la Cornisa de Dakar, donde cuerpos ciudadanos alineados frente al mar habitan el espacio público desde la quietud. Suspendidos en columpios, se entregan a un gesto de pausa: mirar el horizonte, consultar el móvil, simplemente estar. Este reposo, lejos de ser pasivo, se vuelve un acto escénico de resistencia cotidiana, una coreografía mínima que interrumpe el tiempo productivista y convoca una estética del cuidado. La videoinstalación activa una visualidad decolonial: frente al océano —memoria viva de la diáspora—, los rostros, negritudes singulares y presentes, desafían los imaginarios hegemónicos y abren un espacio para imaginar otros deseos, otros futuros. Aquí, el cuerpo se convierte en archivo viviente y el tiempo detenido en forma de aparición política.

La práctica investigadora de Territorios e identidades se despliega en estas experiencias videoinstalativas desde una estrategia de desplazamiento escénico que toma la categoría de escenario de modo real y metafórico para amplificar voces postcoloniales. Estos trabajos avanzan en al menos tres direcciones fundamentales:

1. Visibilizan lo poscolonial: ruinas y construcciones inconclusas —Gran Teatro Cervantes, Palacio de las Artes y la Cultura— reactivan memorias marginadas y cuestionan la narrativa europea del progreso lineal.

2. Practican una ética participativa: performers y comunidades locales (cantor de Tánger, colectivo en Ndar, ciudadanos «flotantes» en los columpios) ejercen autorrepresentación y agencia, evitando la exotización.

3. Implementan una estética del desplazamiento: fragmentación visual y arquitecturas incompletas evocan migraciones, economías precarias y paisajes en tránsito.

Estos ejes sostienen un modo audiovisual decolonial basado en:

- Subversión arquitectónica: la ruina como resistencia simbólica.

- Antropología visual participativa: autoría compartida y escena abierta al Otro.

- Desplazamiento transmediático: vídeo, instalación y performance generan una experiencia crítica.

Claves interpretativas

- Resignificación de espacios coloniales: los teatros y centros culturales se cargan de memoria y confrontan el legado europeo.

- Encuentro y contingencia: Marruecos y Senegal son interlocutores, no escenarios exóticos.
- Videoescena como método: dramaturgia visual que funciona a la vez como dispositivo de resistencia y laboratorio de investigación.

En diálogo con Mignolo (descolonizar el saber), Fanon (liberación psicopolítica) y Castro Gómez (deslegitimar el eurocentrismo), estos trabajos tensionan centro/margen y presencia/ausencia. La imagen deviene infraestructura de conocimiento y el videoescenario, un campo expandido de acción política y visibilización subalterna.

Convergencias y aportes cruzados

Programa	Metodología clave	Coincidencia con *Territorios e identidades*
Bienal Dak'Art	Cartografía artística panafricana, visualidad descolonial, reescritura estética desde el Sur global	Estética decolonial en la escena, resonancias afrodiásporicas, visualidades insurgentes
***Activismos Afro/Negros* (MACBA)**	Afrofuturismo: mito-futuro- tecnología, especulación visual	Voces decoloniales desde el futuro posible
***Poliglotía* (IVAM)**	Plurilingüismo, Interculturalidad lingüística, escucha activa, desestabilización del archivo, mediación participada	Idiomas, silencios, mediación sonora y visual, Cuerpos/idiomas que interpelan la escena, videoescena de escucha
***PLURI IDENTITATS* (MUA)**	Identidad escénica, cuerpo como agente escénico, performance visual identitaria, derechos corporales	Videoescena performativa con corporalidad poscolonial, espacio de aparición política
***Voces Situadas* (MNCARS)**	Asamblea desjerarquizada, archivo encarnado, archivo vivo performativo, participación horizontal	Videoescena que invierte jerarquía visual, Videoescena como negociación colectiva, comunidad protagonista

6.7. Conclusiones

La videocreación como práctica artística contemporánea se revela, desde una perspectiva decolonial, no solo como un dispositivo técnico-estético, sino como un campo de disputa política y simbólica. A través de los casos analizados —desde las visualidades afrofuturistas del MACBA hasta las piezas audiovisuales mostradas en Dak'Art, pasando por la polifonía lingüística del IVAM, las identidades plurales del MUA, las pedagogías encarnadas del MNCARS y las propuestas expositivas de Territorios e identidades— se ha puesto en evidencia que la escena, en su acepción expandida, que toma la forma de videoinstalación, performance o arte conceptual, puede devenir territorio de reescritura, resistencia y creación colectiva.

La decolonialidad, en este contexto, no se presenta como un marco teórico cerrado, sino como una ética de la relación que implica desaprender las estructuras coloniales del ver, representar y narrar.

En este sentido, el desplazamiento escénico puede constituirse en una forma de reactivar memorias silenciadas, de devolver agencia a los cuerpos invisibilizados y de imaginar comunidades afectivas que desborden las lógicas de la representación hegemónica.

Así, el arte audiovisual se proyecta más allá del objeto estético, configurándose como campo de posibilidades, escena de escucha, archivo en movimiento y plataforma de enunciación situada. Frente a las formas coloniales de escenificación —donde el otro aparece como exotismo, víctima o estereotipo— estas prácticas proponen escenarios de reciprocidad, reconocimiento y multiplicidad.

Este capítulo ha intentado ofrecer un recorrido situado por algunas de estas prácticas, sin ánimo de clausura, sino como invitación a seguir explorando y creando desde una conciencia crítica, afectiva y comprometida con la transformación cultural.

6.8. Referencias bibliográficas

BHABHA, H. K., *El lugar de la cultura,* Ediciones Manantial, 2002.

BOURRIAUD, N., *Estética relacional,* Adriana Hidalgo Editora, 2015.

CASTRO VARELA, M. D. M., & **DHAWAN, N.**, *Postkoloniale Theorie: Eine kritische Einführung* (2.ª ed.), 2015.

CASTRO-GÓMEZ, S., «El giro decolonial y la crítica epistemológica al eurocentrismo», *Tabula Rasa,* n.° 6, 2007.

CASTRO-GÓMEZ, S., *La hybris del punto cero: Ciencia, raza e ilustración en la Nueva Granada (1750-1816),* Pontificia Universidad Javeriana, Instituto Pensar, 2005.

ESCOBAR, A., *Sentipensar con la Tierra: Nuevas lecturas sobre desarrollo, territorio y diferencia,* Ediciones Desde Abajo, Bogotá, 2014.

FANON, F., *Los condenados de la Tierra,* Fondo de Cultura Económica, México, 2009.

HOOKS, B., *El anhelo de ser: Pensamiento feminista negro,* Traficantes de Sueños, Madrid, 2017.

KRAVAGNA, C., «Postcolonial Studies», En E. Gaugele & J. Kastner (Eds.), *Critical Studies: Kultur- und Sozialtheorie im Kunstfeld,* Verlag für moderne Kunst, 2016, pp. 65-83.

MIGNOLO, W. D., *Capitalismo y Geopolítica del Conocimiento: El eurocentrismo y la filosofía de la liberación en el debate intelectual contemporáneo,* Ediciones del Signo, Buenos Aires, 2001.

LUGONES, M., «Hacia un feminismo descolonial», en Y. Espinosa Miñoso (Coord.), *Crítica feminista al pensamiento occidental,* En la Frontera / Ediciones Desde Abajo, Bogotá, 2011, pp. 79-101.

QUIJANO, A., «Colonialidad del poder, eurocentrismo y América Latina», en E. Lander (Ed.), *La colonialidad del saber: Eurocentrismo y ciencias sociales. Perspectivas latinoamericanas*, CLACSO, Buenos Aires, 2000, pp. 201-246.

RIVERA CUSICANQUI, S., *Un mundo ch'ixi es posible: Ensayos para un presente en crisis,* Tinta Limón, Buenos Aires, 2018.

SPIVAK, G. C., *¿Puede hablar el subalterno?*, El Cuenco de Plata, Argentina, Buenos Aires, 2010.

TLOSTANOVA, M., *What does it mean to be post-Soviet? Decolonial art from the ruins of the Soviet empire*, Duke University Press, NC, Durham, 2018.

Materiales de los programas Grupo de pensamiento Afro/Negro (MACBA), Poliglotía (IVAM), Territorios e identidades (MIDECIANT / UMA), PLURI-IDENTITAS (MUA), Voces situadas (MNCARS).

Catálogos

BIENNALE DE DAKAR, (Dak'Art). *Dak'Art 2024: The Wake - L'Éveil, Le Sillage, Xàll wi* [Catálogo oficial], Biennale de Dakar, Senegal, Senegal, Dakar, 2024.

NZEWI, U.-S., & FILLITZ, T., (Eds.). *Dak'art: The Biennale of Dakar and the making of contemporary African art.,* Routledge, 2021.

ROBLES FLORIDO, J. C., (Ed.). *Territorio e identidades*. [Catálogo], UMA Editorial, Málaga, 2023.

ROBLES, J. C., *Todo espectador es un cobarde o un traidor* [Catálogo], Galería Isabel Hurley, Málaga, 2022.

ROBLES, J. C., *Crossing Lines* [Catálogo], Galería Isabel Hurley, Málaga, 2017.

7

MUNDOS INMERSIVOS, JUEGOS INTERACTIVOS Y ESCENA

Manuel Emilio Marí-Altozano

El crecimiento de las tecnologías destinadas a la realidad virtual (VR) ha propiciado la proliferación de iniciativas artísticas en las que la inmersividad y la interactividad con el metaverso representan el principal escenario, de naturaleza virtual. Estos nuevos metaversos también sirven como extensiones de la escena en vivo, articulando una obra de arte que permite múltiples métodos de implicación y contemplación estética, desde la pasividad tradicional hasta la participación activa a través de una interactividad universal con un mundo virtual con nuevas físicas y características.

Este auge de iniciativas artísticas que unifican escena y mundos inmersivos demanda un reconocimiento de sus postulados conceptuales, de sus representaciones más importantes en el panorama contemporáneo y de una profundización en su proceso creativo. Así, este escrito atiende a esta demanda, realizando un recorrido por las propuestas escénicas actuales y construyendo un manual sobre la conceptualización de la inmersión en el ámbito escénico, su diseño y construcción.

7.1. Introducción

La interdisciplinariedad revierte una forma de relación entre dos disciplinas, una simbiosis que se articula a través de su interacción recíproca (Ávila Valdés, 2003). En el arte, esta simbiosis se ha consolidado especialmente con la tecnología, cuya reciprocidad se fundamenta desde la forma de relación de la interactividad, en el caso de este trabajo, de corte virtual e inmersivo. Esta conexión virtualidad interactiva-arte redefine en la actualidad la manera en la que se concibe no solo el papel del espectador sino su percepción sensorial, integrando el subjeto en un nuevo mundo vital percibido —o Lebenswelt (Husserl, 1936; Trentini, 2015)—, resultado de la ilusión creada por las estructuras cognitivas del propio espectador (Jaume Pérez, 2021). En este nuevo arte virtual inmersivo, la experiencia se construye a través de una interactividad usuario-entorno establecida como un diálogo bidireccional entre obra y espectador (Liu *et al.*, 2022), integrada en un nuevo espacio estético de carácter inmersivo en 360°. De esta manera, el arte inmersivo representa una nueva forma de percibir y experimentar no solo la obra de arte sino las propias capacidades cognitivas del ser humano, transformando el concepto de 'point of view' (POV), la narración y la mirada con la que se desarrollan los sentidos y las emociones (Martínez-Cano & Roselló Tormo, 2020).

Así, el arte inmersivo conlleva la necesidad de verse en el nuevo mundo y de situarse en un entorno virtual en el que las nociones del tiempo, presente y futuro se transforman. La forma en la que se percibe al prójimo, a sí mismo y a todo aquello que es posible se convierte en un ejercicio de imaginación futurible —determinado por la creatividad— en el arte inmersivo de manera que se construyen entornos y espacios cognoscibles liberados de los parámetros convencionales de espacio y tiempo, a la manera de relatos de anticipación (Despret, 2021) o las ficciones especulativas de Caplliure (2023).

Las nuevas cuestiones estéticas que plantea la introducción de los mundos inmersivos en el arte escénico precisan de una sistematización y recopilación, para poder dotar de sentido y lógica a los procesos creativos que están surgiendo. Así, este texto propone una visión general de la implicación de la inmersión interactiva en la escena y constituye un manual para abordar su diseño, constitución y significación en la escena en vivo.

7.1.1. Contextualización

El auge de la Realidad Virtual (RV) a lo largo de las últimas décadas ha cristalizado en todo un movimiento artístico ligado a la inmersividad en el que el espectador supera la perspectiva contemplativa tradicional para sumergirse en mundos imaginados por el artista. Este nuevo arte inmersivo exhibe una perspectiva multisensorial en 360° de la obra de arte en la que el participante experimenta una recontextualización de su percepción que le hace perder la noción del tiempo y espacio real, debido a la incapacidad del cuerpo a la hora de distinguir entre las experiencias cognoscibles ilusorias y reales (Maturana, 2008), relacionándose con el principio de reversibilidad de Merleau-Ponty: el subjeto es capaz de identificarse en un mundo virtual al igual que lo hace en el real (de Vasconcelos, 2021; Merleau-Ponty, 1968; Smith, 2005). Por lo tanto, esta inmersión lleva al subjeto a una nueva consciencia, lo que le hace no ser consciente de su experiencia inmersiva sino simplemente de su ser en el nuevo mundo virtual (de Vasconcelos, 2021, p. 1). Así, la inmersión se concibe como «un término metafórico derivado de la experiencia física de estar sumergido en agua. [...] la sensación de estar rodeado por una realidad completa, tan diferente como lo es el agua al aire, tomando nuestra atención, nuestro aparato perceptual al completo» (Murray, 2017, p. 99). De esta manera, el estado de inmersión surge por la implicación mental del espectador en el nuevo espacio interactivo (Lombard *et al.*, 2009). Este principio inmersivo se fundamenta en los postulados psicológicos de Csikzentmihalyi (2008) con la 'Teoría del Flow'. Esta teoría entiende que el fenómeno inmersivo —y, por ende, su absorción cognitiva (Balakrishnan & Dwivedi, 2021)— se fundamenta en la interactividad con una actividad realizada. Esto es que, de alguna manera, el juego interactivo propicia la sumersión en un nuevo espacio atemporal, el cual puede ser metaversal o no. De hecho, Csikzentmihalyi define el 'estado de flow' en base a sus investigaciones sobre videojuegos en los setenta, cuando todavía no había una conceptualización profunda y consciente sobre el metaverso virtual.

El arte inmersivo actual ha recogido los fundamentos teóricos de la interactividad y el estado de 'Flow' para romper los límites entre lo real y lo virtual. Las exhibiciones artísticas que tienen pretensiones inmersivas buscan una experiencia estética en la que el espectador tome un rol activo a través de la interactividad en un entorno que fomenta su implicación mental y física (W. Li & Huang, 2023; Yin & Jin, 2022). Así, estos nuevos entornos virtuales construyen nuevos mundos en los que el tiempo y el espacio se transforman en una nueva universalidad virtual, el metaverso (Hernández, 2006).

7.1.2. Antecedentes y evolución histórica

La inmersividad en el arte se origina como resultado de toda una línea evolutiva en las artes visuales que se remonta al nacimiento de la perspectiva en el renacimiento hasta el auge del arte digital en los años sesenta, el cual representa el principal antecedente directo del vídeo 360° y la inmersión visual (Marí-Altozano & Sedeño-Valdellós, 2024). A estos orígenes se une la evolución tecnológica que experimentaron los simuladores a lo largo del siglo XX, incentivados en un principio por su uso militar (Brownridge, 2020). La evolución de los simuladores a lo largo del siglo XX llevó al nacimiento de los primeros dispositivos de RV con el simulador multisensorial denominado Sensorama de Morton Heilig en 1957. Consistía en un reproductor de películas estereoscópicas que añadía sonido estéreo, vibraciones de asiento e inserción de aromas y ventilación (Martí Testón, 2018). No obstante, los principios teóricos de la RV surgen desde el ensayo The Ultimate Display de Sutherland (1964). El artículo reflexiona sobre elementos y principios de la futura RV y la interactividad desde el punto de vista tecnológico.

Años más tarde, Sutherland junto con David Cohen patentan las primeras gafas para crear «su propia imaginería virtual realizada mediante ordenador» (Montoro Pastor, 2019, p. 21). Este prototipo de cascos RV denominado 'Espada de Damocles' precisaba de una gran infraestructura y el usuario no podía mover más que la cabeza sobre un eje rotacional. No obstante, esto lleva al nacimiento del concepto de 'mirada virtual' como un término previo a la realidad virtual (Montoro Pastor, 2019). Paralelamente a los primeros dispositivos destinados a la virtualidad, el arte ya había asimilado la interacción humano-máquina que se había desarrollado a lo largo del todo el siglo XX. Desde su nacimiento con la exhibición *Algorithm Art* en Nueva York en 1968, el interés del arte digital por la creación de experiencias interactivas creció exponencialmente como se observa en las instalaciones de David Rokeby con Very Nervous System o Reflexions en la década de los años ochenta (Rokeby, 2010b, 2010a).

7.1.3. Una herencia compartida: conexiones con el mundo del videojuego

La consolidación de la inmersividad y los mundos inmersivos en el panorama contemporáneo está estrechamente ligada a su proliferación y evolución en el campo del videojuego, el cual ha asimilado los medios interactivos de la RV para diseñar experiencias lúdicas. En este sentido, las empresas tecnológicas han apostado por la tecnología RV por su evolución potencial en el sector como han hecho Meta con la serie de gafas Oculus Quest o Sony con el dispositivo PlayStation VR. Los videojuegos VR ofrecen, gracias a estos dispositivos, una experiencia para el jugador en el que toma el POV del personaje en 360°, por lo que formatos como los First-Person Shooter (FPS) o los Role-Playing Game (RPG) han sido los mayores receptores de estos como evidencian juegos como Half-Life: Alyx o Batman: Arkham Shadow. Además, las plataformas de videojuegos más famosas como Steam ofrecen mundos virtuales basados en contextos museográficos como The VR Museum of Fine Art de Finn Sinclair o Smithsonian American Art Museum: Beyond the Walls, el cual permite visitar algunas de las salas del museo Smithsonian recreadas en RV. El simulador The VR Museum of Fine Art propone un museo en forma de metaverso en el que se puede disfrutar de distintas obras de arte con total libertad de exploración de manera gratuita, pudiendo además leer textos sobre las obras al igual que en un museo real. La compañía Meta también dispone, previo pago, una sala de exposición focalizada principalmente en la visualización de pinturas de distintas épocas con la aplicación *VR Museum: Art Through Time* para dispositivos Meta Quest. Todos estos desarrollos de entornos VR dedicados al arte y la exposición de arte visual surgen gracias a los avances que la realidad virtual ha experimentado en el campo de los videojuegos, lugar en el que estos dispositivos han encontrado un gran potencial de explotación. Estos entornos virtuales utilizan los mismos dispositivos y desarrollos tecnológicos que la mayoría de las creaciones artísticas inmersivas. De hecho, programas de diseño de videojuegos como Unity y motores gráficos como Unreal Engine son utilizados ampliamente en ambos formatos creativos.

7.2. La actualidad del uso de la inmersividad en la escena

Actualmente, la creación artística audiovisual ha asimilado plenamente los recursos tecnológicos y conceptuales que ha traído la inmersividad para construir mundos completos que ofrecen una experiencia multisensorial en primera persona. De hecho, en el contexto museográfico, la RV se ha consolidado como un nuevo escenario en el que el espectador obtiene un nuevo método de implicación y acción para con la obra de arte mediante la realidad aumentada (Martí Testón, 2018). Esto ha cristalizado no solo en los mundos virtuales anteriores basados en museos, sino en la proliferación del uso de tecnología inmersiva en museos, además de la creación de museos interactivos como el Nomad Madrid Inmersivo o el Velázquez Tech Museum que multiplican la oferta de experiencias en España.

Esta nueva escenografía se configura mediante entornos completos desde una estética y arquitectura que puede ser de corte analógico o digital. Desde una construcción física, *Tim Burton's Labyrinth* ofrece una experiencia inmersiva para el espectador mediante una creación escenográfica analógica en la que la inmersión en 360° sucede como una especie de scape room con diversas habitaciones decoradas (Burton, n.d.). En términos digitales, Exhibition Hub y Layers of Reality plantean una inmersividad basada en el uso de vídeo en 360°, proyecciones 3D y videomapping, utilizando la arquitectura del edificio a su favor, transformando la manera en la que el espectador percibe el entorno mediante medios digitales (IDEAL Centre d'arts Digitals, 2019).

Dentro de la inmersividad digital, los últimos años han profundizado en una búsqueda exhaustiva de experiencias interactivas completas en las que no solo la percepción es el eje principal de la obra, explorando métodos en los que el movimiento, la autonomía explorativa o la interacción con avatares —ya sea controlados por personas o por una IA— se integran en mundos inmersivos con una geografía paralela a la real —aunque puede ser una imitación de la misma—. En esta línea, la compañía Tender Claws propone toda una experiencia inmersiva de teatro VR con su obra Tempest. En esta, el espectador viaja a través de diversos parajes guiado por un avatar controlado por un actor real. No obstante, en este caso la escena en vivo se reduce y reproduce en el mundo inmersivo. Sin embargo, Blanca Li unifica la escena y el metaverso en una danza interactiva que surge en la realidad para expresarse en el mundo inmersivo y la autopercepción del espectador en *Le bal de Paris*. Este proyecto se vale de los últimos medios tecnológicos para la inmersión como los trajes de reconocimiento gestual y las gafas VR para llevar al asistente a un metaverso en el que su movimiento en el mundo real se transmite a la virtualidad, expresándose tanto en su POV como en el de los otros asistentes (Li, 2020; RTVE, 2020).

Estas relaciones entre mundos inmersivos y escena hacen prevalecer a la virtualidad sobre la performatividad de lo real, dando valor a la nueva consciencia del usuario en el mundo virtual. Sin embargo, también se observan ejemplos en los que la escena real representa el eje principal en la simbiosis inmersividad-escena. Así trabaja la obra de teatro *VR Loveseat* de la compañía Double Eyes. Esta sitúa al espectador fuera de la inmersión digital y emplaza al actor en ella, para utilizar el mundo virtual como una escena paralela, construyendo una obra de teatro en el metaverso que se expresa y observa desde la realidad, absteniendo al asistente de la visión en 360° o el uso de elementos interactivos. De esta manera, el resultado final se asemeja en términos prácticos a la manera de trabajar de la videoescena y la videodanza. A caballo entre la inexistencia de interactividad y la exploración interactiva de los anteriores, se enmarca la propuesta inmersiva en la obra de videoescena *Orlando, una climobiografía* dirigida por Ana Sedeño-Valdellós. La aplicación inmersiva diseñada se concibe como una introducción argumental a la escena en vivo, como un preámbulo escénico en el que el espectador puede observar el mismo lugar de interpretación con una climatología apocalíptica que le sitúa en tiempo y lugar mediante la interacción en 360° con sus dispositivos móviles.

7.3. Diseño y construcción de mundos inmersivos para la escena

Un mundo inmersivo es, per se, una nueva escenografía, una situación del espectador en un entorno distinto al real, ya sea mediante medios analógicos o digitales. Por lo tanto, uno de los elementos primordiales a la hora de dar sentido y coherencia a su uso en la escena es que exista una conexión intrínseca y evidente entre escena en vivo y mundo inmersivo. Dentro de este aspecto, las creaciones artísticas muestran numerosas maneras de plantear esa conexión. Por ejemplo, Loveseat construye la relación mundo inmersivo-escena a través de la simultaneidad entre ambos en un espectáculo de videoarte. Utiliza la proyección del mundo inmersivo con el que los actores están interactuando como creación de vídeo sobre la que la escena se va sucediendo. De alguna manera, interconecta el mundo y la escena mediante la vivencia inmersiva del actor, no así del espectador que sigue manteniendo un rol estético tradicional sin propiciar una inmersión estricta (Rodríguez, 2021). Este formato se desmarca de las propuestas de Tender Claws con Tempest y de Blanca Li con *Le bal de París*, los cuales evidencian una interactividad necesaria del espectador con el mundo inmersivo, ya que este representa el escenario propio de la obra escénica, el primero como lugar y tiempo de la escena y el segundo como ambiente de la expresión coreográfica. Otra manera de diseñar la coherencia entre inmersión y escena en vivo se ejemplifica en *Orlando, una climobiografía* dirigida por Ana Sedeño-Valdellós. En ella, el mundo inmersivo se concibe como una introducción, como un telón previo a la escena que permite conectar con la línea argumental inicialmente.

Una vez este mundo tiene un sentido y un objetivo en la obra escénica, se debe concretar qué tipo de implicación se busca con este, esto es, su interactividad. En su significado más básico, se divide entre un uso del mundo inmersivo como agente visual pasivo o como medio activo que precisa de la acción del espectador. Esta dualidad se ejemplifica en las obras reconocidas anteriormente. Aparte de esta división básica, Calleja (2011) propone un modelo para identificar y estructurar la implicación o 'involvement' que propicia. Este modelo, si bien fue concebido para los videojuegos, es aplicable a los mundos inmersivos ya que su diseño, construcción e interacción son iguales y con los mismos medios tecnológicos y reflexiones conceptuales. El modelo reconoce seis ejes de implicación esenciales en todo juego digital interactivo: afectivo, espacial, lúdico, kinestésico, narrativo y compartido. De entre ellos, algunos ejes son más representativos que otros a la hora de aplicar el modelo al análisis de juegos interactivos y mundos virtuales. Por ejemplo, creaciones inmersivas como la de Blanca Li se focalizan principalmente en los ejes kinestésicos y compartidos respecto a aplicaciones como la desarrollada en *Orlando, una climobiografía* en la que prevalecen los ejes espaciales y narrativos.

Una vez planificada la interactividad, se debe profundizar en el formato de la interfaz de usuario como paso previo al diseño del entorno virtual en programas informáticos. Actualmente, las obras muestran una vasta cantidad de diferentes medios tecnológicos que permiten diseñar distintas interfaces como el uso de gafas de RV, los trajes de reconocimiento gestual o dispositivos interactivos convencionales como joysticks o teléfonos móviles. No obstante, se pueden concebir mundos inmersivos que no planteen una interfaz para el usuario como sucede en las salas inmersivas y el uso de vídeo 360° o del videomapping. Dependiendo de los primeros dos puntos, se utilizará un tipo de procedimientos u otros. Por ejemplo, *La bibliothèque, la nuit* busca una inmersión con interacción reducida, basada exclusivamente en el giro de la cabeza ya que no persigue la exploración interactiva sino la contemplación del espacio, razón por la que su interfaz se reduce al uso de gafas RV con el mundo interactivo descargado. Esta experiencia inmersiva sitúa al espectador en algunas de las bibliotecas más emblemáticas del mundo con distintos formatos como entornos reales grabados con cámaras 360° y realidad aumentada o entornos reales modificados visualmente para crear un nuevo entorno virtual completo. En cambio, *Le bal de Paris* diseña todo un ecosistema en la interfaz de usuario con gafas VR y trajes de reconocimiento gestual para reconstruir completamente la percepción del espectador y de aquellos que le rodean.

Con todos estos elementos definidos, el último paso es construir el mundo virtual propiamente dicho. Este, ya sea digital o analógico, deberá atender a unas características geográficas, temporales y físicas (Fraile-Jurado, 2023) que definirán la naturaleza del entorno. En el formato digital, tanto las obras artísticas inmersivas como los videojuegos muestran diversos diseños en base a estos elementos esenciales. Juegos como *Assassin's Creed Origins* o *Red Read Redemption 2* representan los paradigmas de una relación óptima entre los elementos para una experiencia interactiva óptima desde el concepto del mundo abierto (Fraile-Jurado, 2023; Rizopoulos *et al.*, 2023). De entre las obras inmersivas reconocidas, posiblemente las dos que profundizan de manera más evidente y consciente en estos parámetros son *Tempest* y *Le bal de Paris*, los cuales construyen mundos inmersivos abiertos con una estética visual y geográfica propia, e incluso litológica en Tempest y floral y arquitectónica en *Le bal de Paris*.

7.4. Conclusiones

Los últimos años evidencian un interés notable por parte de las artes escénicas en las nuevas experiencias inmersivas que han traído los juegos interactivos. Influenciada por los videojuegos, la creación en vivo ha explorado la inmersividad escénica a través de diversos formatos y estilos, desde el diseño de metaversos completos hasta la producción de elementos anexos a la escena performativa tradicional que amplifican la experiencia perceptiva e interactiva del asistente. La nueva extensión del campo interactivo del arte con la inmersividad se fundamenta en principios conceptuales y teóricos ya definidos en la segunda mitad del siglo XX con la reversibilidad de Merleau-Ponty y la teoría del Flow de Csikzentmihalyi, los cuales explican procesos tan elementales como la capacidad de la interactividad para propiciar una absorción del espectador en una actividad o la adaptación perceptiva que experimenta el individuo a la hora de introducirse en metaversos.

La búsqueda de nuevos entornos artísticos por parte de los creadores ha propiciado la proliferación de proyectos creativos en torno a la realidad virtual y los mundos inmersivos. En esta línea, los museos e instituciones culturales de igual estatus se han volcado de manera significativa en estas nuevas iniciativas. De hecho, en España se observan ejemplos de centros que han sido diseñados para la producción de experiencias inmersivas como el Centro de Artes Digitales IDEAL de Barcelona o el MAD (Madrid Artes Digitales). Además, los artistas están explorando estos nuevos procesos perceptivos y estéticos gracias a colaboraciones con compañías de arte digital y realidad virtual. Esta simbiosis ha cristalizado en obras inmersivas tan importantes en el panorama artístico actual como Le bal de Paris de Blanca Li y *Tempest* de Tender Claws, las cuales están dentro de los proyectos creativos inmersivos más representativos y conocidos en la actualidad.

El auge del uso de mundos inmersivos en la escena en vivo reclama la necesidad de una sistematización del proceso creativo, de un manual que sirva como marco para diseñar entornos virtuales destinados a la creación artística escénica, ya sea como potenciación de esta o como la escenografía propia de la misma en un metaverso. Estos pasos buscan dar coherencia y sentido a la presencia de la inmersividad en la escena en aras de evitar que la inmersión digital se convierta en un mero artificio tecnológico. Así, el diseño debe fundamentarse en cuatro fases esenciales:

- Definición del objetivo de la experiencia inmersiva para con la escena y establecimiento de la conexión que existe entre ambos.
- Establecimiento del tipo de interactividad del mundo inmersivo con el espectador, si este lo reclamase.
- Planificación de la interfaz de usuario y de los recursos tecnológicos necesarios para conseguir los dos pasos anteriores.
- Diseño de la geografía, temporalidad y comportamiento físico del mundo virtual, junto con las reflexiones estéticas y estilísticas que les son inherentes.

Estos pasos sirven como marco para el diseño óptimo de mundos inmersivos en términos artísticos, precisando de las correspondientes fases básicas de cualquier desarrollo tecnológico como la realización de pruebas beta y el reconocimiento de fallos y resolución de los mismos entre otros.

7.5. Referencias bibliográficas

Ávila Valdés, N., «Interactividad y arte interactivo. La Realidad Virtual Inmersiva», *Arte, Individuo y Sociedad*, 15, 2003, pp. 163-168, https://doi.org/10.5209/ARIS.6682

Balakrishnan, J., & Dwivedi, Y. K., «Role of cognitive absorption in building user trust and experience», *Psychology and Marketing*, 38(4), 2021, pp. 643-668, https://doi.org/10.1002/mar.21462

Brownridge, P., «From chalkboards to virtual reality: Exploring the development and implementation of virtual reality in United States History classrooms» *Theses and Dissertations*, 2762, 2020, https://rdw.rowan.edu/etd/2762

Burton, T. (n.d.), *Tim Burton's Labyrinth*, retrieved May 6, 2024, from https://www.timburton.com/labyrinth

CALLEJA, G., *In-Game: From Immersion to Incorporation,* The MIT Press, 2011, https://doi.org/10.7551/mitpress/8429.001.0001

CAPLLIURE, J., *Relatos de anticipación que auguran mundos posibles*, Artnodes, 0(32), 2023, https://doi.org/10.7238/artnodes.v0i32.411200

CSIKSZENTMIHALYI, M., *Flow: The Psychology of Optimal Experience*, Harper Perennial Modern Classics, 2008.

DE VASCONCELOS, G., *The Decision for Immersion: The Cognitive Possibility of Virtual Reality,* Academia Letters, 2021, https://doi.org/10.20935/al3531

Despret, V., *Autobiographie d'un poulpe et autre récits d'anticipation* (Actes Su), 2021.

Fraile-Jurado, P., «Geographical Aspects of Open-World Video Games», *Games and Culture,* 2023, https://doi.org/10.1177/15554120231178871

HERNÁNDEZ, I., «Aesthetics and communication in video installations: the immersive space», *Signo y Pensamiento,* 2006, pp. 49, 25.

HUSSERL, E., *The crisis of European sciences and transcendental phenomenology,* Northwestern University Press, 1936.

IDEAL CENTRE D'ARTS DIGITALS., 2019, https://idealbarcelona.com/es/ideal/

JAUME PÉREZ, B., «Art and augmented reality. Optical illusions in hybrid space», *Artnodes*, 2021(28), https://doi.org/10.7238/a.v0i28.375418

LI, B., *Blanca Li*, 2020, https://www.blancali.com/

LI, W., & HUANG, X., «A New Way to Experience Art: Experience Design and Strategies for Immersive Exhibitions», in M. Rauterberg (Ed.), *Culture and Computing*, 11th HCI International Conference, C&C 2023, 2023, pp. 136-149.

Liu, X., Zhou, H., & Liu, J., «Deep Learning-Based Analysis of the Influence of Illustration Design on Emotions in Immersive Art», *Mobile Information Systems*, 2022, https://doi.org/10.1155/2022/3120955

Lombard, M., Ditton, T. B., & Weinstein, L., «Measuring Presence: The Temple Presence Inventory», in *Proceedings of the 12th Annual International Workshop on Presence*, 2009, pp. 1-15.

Marí-Altozano, M. E., & Sedeño-Valdellós, A., «Immersive audiovisual art: background and future lines», *Fonseca Journal of Communication*, 28, 2024, pp. 259-275, https://doi.org/10.48047/fjc.28.01.18

Martí Testón, A., *Hacia una museografía 4.0. Diseño de experiencias inmersivas con dispositivos de realidad aumentada* [Doctoral Thesis], Universitat Politècnica de València, 2018.

Martínez-Cano, F. J., & Roselló Tormo, E., «Virtual reality filmmaking. Analysis of queerskins: a love story, an approach to volumetric cinema», *Arte y Sociedad*, 18, 2020, pp. 118-133, https://doi.org/10.5281/zenodo.7654912

Maturana, H. R., «The Biological Foundations of Virtual Realities and Their Implications for Human Existence», *Constructivist Foundations*, 3(2), 2008, pp. 109-114. http://www.univie.ac.at/constructivism/journal/

Merleau-Ponty, M., *The Visible and the Invisible* (C. Lefort, Ed.), Northwestern University Studies in Phenomenology and Existencial Philosophy, 1968.

Montoro Pastor, M., *VISION: Desarrollo de una plataforma de realidad virtual para la interacción inmersiva con obras de arte* [Graduate Thesis], Universidad Rey Juan Carlos, 2019.

Murray, J. H., *Hamlet on the Holodeck: The Future of Narrative in Cyberspace*, The MIT Press, 2017.

RIZOPOULOS, C., ARSENOPOULOU, N., & POUPOU, A., «Journeys, Maps, Dungeons: Navigating Narrative and Cinematic Space in Open World Digital Games», *ACM International Conference Proceeding Series*, 2023, September 27, https://doi.org/10.1145/3609987.3610025

RODRÍGUEZ, V., *IAMVR - Experiencias de teatro en realidad virtua,. IamVR*, 2021, March 27, https://i-amvr.com/experiencias-de-teatro-en-realidad-virtual/

ROKEBY, D., *Interactive Installations: Reflexions (1982-84)*, 2010a, http://www.davidrokeby.com/reflex.html

ROKEBY, D., *Interactive Installations: Very Nervous System (1986-1990)*, 2010b, http://www.davidrokeby.com/vns.html

RTVE, *Blanca Li pone al público a bailar en 'LE BAL DE PARIS' gracias a la Realidad Virtual*, 18 de diciembre de 2020, (Archivo de video) https://www.youtube.com/watch?v=LoPqtIayuAA

SMITH, C., *Maurice Merleau-Ponty: Phenomenology of Perception,* Taylor & Francis, 2005.

SUTHERLAND, I. E., «Sketchpad a Man-Machine Graphical Communication System», *SIMULATION*, 2(5), R-3-R-20, 1964, https://doi.org/10.1177/003754976400200514

TRENTINI, B., «Immersion as an embodied cognition shift: aesthetic experience and spatial situated cognition», *Cognitive Processing*, 16, 2015, pp. 413-416, https://doi.org/10.1007/s10339-015-0684-y

YIN, W., & JIN, J., «Research on the Interactive Relationship of Immersive Art», in M. M. SOARES, E. ROSENZWEIG, & A. MARCUS (Eds.), *Design, User Experience, and Usability: Design Thinking and Practice in Contemporary and Emerging Technologies,* 2022, pp. 442-453, Springer International Publishing.

8

ENTREVISTA CON ALVARO LUNA, VIDEOESCENISTA OCTUBRE 2025

Ana Sedeño Valdellós

https://alvaroluna.es/work/

Háblanos de ti, de quién eres: formación, trabajos hasta llegar a la videoescena.

— Soy Álvaro Luna, videoescenista... yo empecé en esto un poco de rebote, al principio empecé trabajando para Televisión Española, para el programa *Cartelera*. Mi formación era de realizador de visuales y espectáculos, yo venía de Telecomunicaciones, pero era una cosa muy, demasiado matemática, digamos... terminé haciendo realización, que se acercaba más a mis intereses, al vídeo, a la expresión con el video. En aquella época, todo el mundo te decía que había que ser director de cine...

Así que empecé con cortos, trabajando en algún rodaje de cine, pero me di cuenta, de que iba a pasarme como la mitad de mi vida preguntándole a la peluquera cuánto tiempo le quedaba, o cortando una calle, o sea, muy lejos realmente de la creación.

Porque cuando entras en un equipo de dirección de cine, estás muy lejos del director, muy lejos de donde se toman las decisiones... Entonces decidí empezar a investigar por otro lado... me dieron la oportunidad, en el Festival de Cine de Málaga de hacer los vídeos del festival, los vídeos homenaje... Algo que agradezco a Gerardo Vera, que me dio esa oportunidad. De ese tiempo aprendí un poco un mundo a explorar en esas galas, con la proyección, el vídeo, ya en escena. Eso me llevó a experimentar y hacer cosas en escena que podía trasladar ya a propuestas más dramatúrgicas, más de contar historias, más de ir más hacia el significado y hacia lo artístico, la verdad que me fue muy bien... Yo aprendí mientras trabajaba...

Mi formación ha sido un poco *work in progress*: iba trabajando, iba aprendiendo, iba asimilando técnicas, y sobre todo me dieron toda la libertad del mundo para trabajar, para hacer lo que yo quisiera. Lo bueno de esta profesión, de alguna manera, es que el producto es muy artesanal, podría llamarse, es muy amateur en realidad. O sea, aunque seamos profesionales de esto, claro, el videoescenista es una persona muy versátil y que trabaja desde muchos ámbitos, desde muchas disciplinas, y eso me resulta sobre todo muy interesante porque los propios trabajadores de la dramaturgia, del teatro, de la danza, de la ópera, cogen el recurso del vídeo desde sus profesiones. Yo siempre digo que la videoescena es el intruso transversal.

De modo que el iluminador utiliza el vídeo para iluminar, el escenógrafo lo utiliza para crear espacios, el director lo utiliza para hacer desarrollarse la línea dramatúrgica o hacer una transición o dar más información de la que puede estar dando en escena, ¿no? Entonces cada uno coge como lo suyo y al final el único que está ahí en medio, que utiliza a todos, el que es un poco escenógrafo, el que es un poco director... es el artista de video... Eso es una ventaja porque creo que es muy divertido trabajar, tocas muchos palos desde muchas disciplinas para crear tu propuesta. También tiene sus contras, porque al final eres un poco un hombre orquesta, tienes que saber hacer todo. El videoescenista es como muy transdisciplinar.

Entonces piensas que el material de vídeo en los proyectos escénicos es muy transdisciplinar, ¿cómo vives esto?

— Te das cuenta de que una película la hace un equipo de 50 personas al día, Y tú en una propuesta de videoescena, estás tú solo o con un ayudante... todo lo tienes que hacer tú. Además es muy normal sobre todo en España, que las propuestas sean llave en mano: te doy un dinero y tú te ocupas de todo. Y tú a mí me das el resultado, la propuesta, el todo.

En el mundo anglosajón es diferente: hay un diseñador de videoescena y después hay un dinero de ejecución. Hay un dinero de producción, para la producción de esas piezas: tienen un caché de diseño, de creador, y el dinero para la ejecución va aparte. Yo he trabajado alguna vez así, es diferente la manera de trabajar. En España es diferente: es una cosa muy paupérrima... a un diseñador de escenografía no se le dice, vas a ganar esto, pero si construyes más, vas a cobrar menos, y si construyes menos, vas a cobrar más. Es completamente ilógico. Sobre todo porque para la creación debe haber una independencia del mundo de las ideas con el mundo de la ejecución, de la realización del producto.

¿Cómo te organizas con los tiempos de trabajo, cómo es tu grado de libertad? Los tiempos de trabajo, los tiempos de trabajo, el grado de libertad... Si puedes poner, aunque ya en la otra te pregunté sobre este tema, algunos ejemplos.

— Cuando yo empezaba con tal persona, tuve menos libertad. Ahora se escucha más, se escucha más mi labor, tengo más tiempo... Yo creo que mi primera videoescena fue en 2003, 2004. La primera fue *Por amor al arte*, que fue una producción en la que estaba Maribel Verdú con dirección de Gerardo Vega. Yo era un chaval que no había hecho nada parecido... Recuerdo que hice una propuesta de una grabación y me dieron total libertad creativa... Lo dialogamos todo con mucha tranquilidad. Siempre he sentido mucho respeto a la hora de trabajar, quizás porque también era algo un poco novedoso... Entonces, de repente todo el mundo estaba muy abierto a todas las posibilidades que entramaba el vídeo. Es lo que te digo, al final, yo he tenido la suerte de empezar hace mucho, entonces siempre se me ha escuchado mucho. Y al tener de alguna manera esa entidad, no me suelen llamar para ejecutar.

No me encuentro la situación en la que un director me llame y me diga es que quiero un vídeo así. Sino que tú te incorporas al trabajo, te incorporas a la obra.

Son pocas las veces que se trabaje desde el encargo directo. Normalmente a mí me incorporan a la obra y soy yo el que proponen a partir de ahí. Puede haber unas ideas precoces y me dejan hacer la propuesta. Ahora un poco menos, porque también como los presupuestos se han ajustado más cada vez con toda la crisis de los materiales, todo se mira un poco más... Pero en la época dorada, del 2008 hasta la pandemia o así, todos esos años realmente a mí me llamaban para estar en el proyecto sin saber si iba a haber vídeo o no: me llamaban para que aportara mi visión desde el vídeo, mi visión de la obra...

Háblanos de esa etapa dorada de eclosión y consolidación de la videoescena. ¿Cómo era tu trabajo?

— Era una etapa de formación o de eclosión de la disciplina... En esa época entraba en las producciones dentro de las posibilidades de creación y por tanto no eran tanto presupuestarias como de aporte dramatúrgico. Entonces a ti te llamaban, te pagaban un caché y te pedían opinión sobre el trabajo. En la actualidad es diferente; ahora ya es como bueno, a ver, tenemos este dinero, si metemos vídeo entonces hay que incluir un técnico más... Se han ajustado muchísimo más los presupuestos.

De hecho, lo interesante es que después de la pandemia yo me he disparado en trabajar sobre todo en lírica, en danza internacional, en otro tipo de montajes más grandes. Las propuestas están cambiando también, están yéndose a cosas mucho más de crisis. Las propuestas actuales son más cercanas a lo que, por ejemplo, hace 15 años pasó con el teatro argentino. O sea, que venían los creadores argentinos y hacían una obra en la que solo eran los actores con una memoria de luz todo el rato y sin escenografía y sin nada, ¿no? Ahora yo creo que hay una visión menos esteticista, la visión plástica se ha abandonado un poco, pero yo creo que es una consecuencia de la crisis, de la bajada de recursos.

Y creo que a la vez menos recursos económicos, la propia creación se refugia en propuestas mucho más sencillas, más simples, en las que se deja volar poco a la plástica y se centra mucho en el actor y en el texto.... por ahí creo que estamos perdiendo, porque después salimos a Europa y es todo lo contrario.

Querría preguntar por algunos proyectos interesantes y cómo se concibió el trabajo. Por ejemplo, *La Gran Cenobia*...

— *La Gran Cenobia* fue un proyecto de medio formato, fue en la sala superior del clásico, la sala más pequeña... Es una propuesta muy punk rock, Porque había música en directo, los actores tocaban, toda la estructura era una estructura de metal, y lo interesante es que aquí proyectamos en una serie de telas y gasas: según iba la obra avanzando se eliminaban telas, con lo que el soporte de proyección iba cambiando: se iba proyectando cada vez en sitios intermedios entre la escenografía y el vídeo.

A mí eso me resulta muy interesante, porque de repente consigues que la propia escenografía tenga vida. No es ni una pantalla, en realidad. Ni tampoco es una escenografía desnuda, es una cosa que va evolucionando. Y ahí teníamos desde piezas de postproducción hechas con texturas, con documentales también mezclados, porque ahí utilizamos mucho la idea del fascismo como idea de una visión unidireccional... y lo hacíamos a través del propio recurso que es el vídeo, teníamos una cámara en directo, entonces teníamos una visión que no era una visión omnisciente, digamos, era una visión de un personaje en concreto o de algún medio en concreto, se utilizaba como un elemento de *mass media*; el rey era como el dictador de este reino, y le proyectábamos en grande su cara, hacíamos una ampliación de la realidad, todo muy mezclado con interferencias, con la música... Era una propuesta con el vídeo muy presente, con un estilo grunge, muy fuerte, y aparte con la poesía. Después estaba el personaje de la novia, a la que debíamos buscar la poesía también...

La obra es de Calderón... es una historia mitológica, de poder entre un hombre y una mujer, de estos cuentos persas con historia medio de fantasía... pero está muy bien, es una lucha en poder con una historia de amor en medio, una reflexión sobre el destino... Trabajar con todo ese material de repente es muy agradecido: con ideas como el destino o el libre albedrío o la dirección o cómo nos manipulan, y eso es un poco lo que queríamos hacer con el vídeo, trabajar todo eso.

Podría decirse que el vídeo también es como un material que permite una reflexión y una adaptación de los clásicos a nuestro tiempo. Se hace ya normalmente: son temas universales. Nadie se plantea si un figurinista de repente pone una historia de Babilonia y la lleva a la Primera Guerra Mundial... Sin embargo, utilizar el recurso del vídeo de repente es como que a veces choca... pero cada vez menos porque la gente tiene muy naturalizado el discurso. Más que nada porque vivimos en un mundo de inputs constantes a través de la publicidad, del móvil por lo que el lenguaje audiovisual está completamente asumido por el público. Me parece que muchas veces infraloramos lo que el público puede llegar a reflexionar...Tenemos ya el espectador medio, incluso el que no ha ido mucho al teatro, que entiende perfectamente muchas de las propuestas sin darle mucha más información. Por ejemplo *Un monstruo viene a verme* (La Joven Compañía de Teatro, Teatros del Canal, diciembre 2024), se ha repuesto este año y han hecho un trabajo fantástico. Algunos institutos de Madrid han hecho leer la novela a los alumnos y ver luego la obra: los alumnos decían que habían imaginado la obra en plan Disney con una historia fantástica y que, de repente, yendo a la obra de teatro, encontraron otra manera de contar las cosas... Decían: «me ha emocionado mucho más». Y es increíble porque la propuesta teatral es super abstracta: la propuesta es un armazón en forma de árbol con 27 pantallas, 27 monitores, súper de juego, en el que los actores de repente se transforman y convierten en otras personas hay transformación de los propios actores del personaje en el escenario, hay pocas trampas, digamos, es poco realista en las trampas... Es como muy imaginativo, se ponen un gorro y ahora son pioneros del siglo XVIII.

Esto les encantó a los chavales porque llegaron a otro nivel de lenguaje: han pasado una barrera del lenguaje, la han asumido perfectamente a través de la emoción. les ha emocionado. Es una propuesta muy contemporánea.

Y en cuanto al vídeo hay 27 pantallas. Es un árbol que se mueve tiene cables colgando... no se escondía nada. Se jugaba con él, iba girando..., también se jugaba mucho con el color para realizar metáforas... Está el rojo de la sangre (la madre tiene leucemia). En los cuentos se cuentan muchas cosas, en ellos la sangre tiene mucha importancia. Jugué con el rojo, el blanco y negro y el verde. El verde era la savia sanadora, pero a la vez es el veneno, de la gente, el cómo nos ven, cómo nosotros miramos, cómo interpretamos las acciones de los demás...

En las pantallas, pues se ve una cosa, tienes la globalidad de todas las pantallas que nos están diciendo cosas con el color, con el movimiento, con el ritmo, como una globalidad que nos llega a modo de impulsos. Y eso los chavales lo comprendieron y lo recibieron increíblemente bien Y estuve hablando un rato con ellos y me quedé sorprendido a los jóvenes y lo poco que les valoramos a veces,... realmente no necesitan una formación teatral. La generación de público puede ser otra función general del uso del vídeo.

Y con *Un monstruo viene a verme* para la Joven, había que saber que no se podía contar con un presupuesto desorbitado. Había que ser creativo en ese sentido. Al final ideé un sistema prácticamente con electrónica china, con cosas muy de casa, muy asequibles. Realmente eran repetidas nueve pantallas, nueve pantallas y nueve pantallas, pero como siempre se veían cuando giraban, pero siempre veías nueve y alguna más, cuando giraban veías las 27, pero nunca te dabas cuenta de que realmente tenían la misma imagen. O sea, estaban nueve, nueve y nueve. Parecía que eran 27, pero en realidad eran repetidas: lo que hice básicamente es comprar un *videowall* de los de farmacia para proyectar y dividí el vídeo, mandando la señal separada mediante programación según convenía. Creo que logré algo muy aparente y con un presupuesto ajustado, sin que fuera una locura tecnológica y presupuestaria...

Otra obra interesante en el uso del vídeo es *Unamuno, Vencerás pero no convencerás*, por la creación de personajes y de la estructura de la obra.

— Esto siempre lo pongo como ejemplo de que el vídeo también puede ser origen dramatúrgico, porque muchas veces se nos olvida. Sí, exacto. La videoescena puede ser un origen dramatúrgico total. En este caso, *Unamuno, Vencerás pero no convencerás*, era un proyecto que iba a hacer con José Luis Gómez y con Carl Filion. Carl Filion es el escenógrafo del Cirque du Soleil que ha trabajado con un montón de directores famosísimos, es un tipo con mucha creatividad. Fue un placer trabajar con él y con José Luis Gómez, que es un histórico del teatro.

En *Unamuno...*, todo empezó por un efecto. El efecto era un actor sale a escena, se mira en el espejo, y se le aparece Unamuno y empieza a hablar. Esto era un simple efecto inicial, no tenía más allá que eso. No dejaba de ser un efecto inicial con esa aparición virtual del personaje de Unamuno en el espejo. Y se trataba como eso mismo, como un efecto fantasmagórico clásico, que es un efecto de las barracas de feria desde el principio del siglo XX, como las fantasmagorías o el espejo mágico ... Entonces trabajamos a partir de eso, un espejo mágico en el que se proyectaba por detrás el personaje virtual, cuando se iluminaba el espejo aparecía el personaje que se estaba mirando en el reflejo. En este caso era Unamuno.

La cosa es que yo quise enseñarles una prueba de cómo hacer esto. Grabamos un día al personaje, e hice la prueba de la proyección sobre el espejo mágico. Y me inventé un sistema como de micropausas para que el diálogo fuera orgánico. Entonces el actor salió a escena, lo probamos, proyectamos su reflejo a Unamuno, el actor físico habló, en la proyección le contestó y de repente José Luis Gómez le sorprendió que quedara tan orgánico, que fuera tan potente. Entonces decidió parar la producción y convertir este monólogo en un diálogo entre él y su personaje virtual durante toda la obra. Y realmente fue espectacular. Crear un personaje virtual es otro recurso más, en este caso super realista, en el que es un fantasma que ocupaba toda la parte central del escenario. Lo interesante de esto fue cómo solucionar la parte técnica de cómo crear esa organicidad e ir a la par en el diálogo... Tú no puedes ir saltando vídeos porque estarían fundiéndose o pegando saltos. Cada vez que hice una frase, tirar el vídeo de la frase siguiente porque había un salto. O sea, tiene que haber una continuidad. Pero en el teatro todos sabemos que no es exacto en los tiempos. Claro, un día ser más lento, un día le va a pisar, otro día... Entonces me inventé un sistema simplemente de micropausas en los que cuando grabé, dejaba el personaje un poco pausado en una posición cómoda y como una frase antes de que le diera la respuesta, el personaje, o sea, le dábamos al play de alguna manera. Entonces tú como espectador, tú estás mirando hacia habla normalmente. Cuando ves que va a terminar de hablar, tu mirada se desplaza al oponente, al interlocutor. Y entonces en ese momento nosotros ya le hemos dado el play. Entonces le ves moverse. Entonces crea esa cosa como de organicidad todo el rato. No ir al pie justo del play cuando le toca hablar, sino adelantar un poquito antes.

Porque tú estás dirigiendo la atención siempre al que habla y tu propio interés, cuando ves que la otra persona ya está terminando la frase, cambias la mirada. Entonces cuando cambias la mirada, la otra persona que ya está moviéndose. Y jugamos con eso.

Y después fue muy divertido a la hora de grabación porque ya debíamos tener los movimientos pensados para que las miradas coincidieran. Entonces, mientras que José López decía su texto en escenario, nosotros llevamos por la sala con un láser o con una linterna, no recuerdo, para que él siguiera la mirada. Si no era así él podía perderse respecto a donde debía mirar... Es decir, una cosa a veces artesanal, pero muy del momento pero que requería un control completo de movimientos y de vídeo a la vez.

En directo se veía muchísimo más real y más orgánico. Como eran dos personajes iguales, o sea, había veces que el personaje virtual era Unamuno, pero había veces que el personaje virtual era el actor... porque se intercambiaban. Era todo el rato ir desde el mundo de Unamuno al mundo del actor.

Grabamos tanto a Unamuno como al actor... Con Felipe Ramos, el iluminador, lo que trabajamos mucho es el código de color también. Siempre Unamuno iba a estar en cálidos y siempre el actor iba a estar un poco en fríos. Con ello a la hora de verlo, el espectador lo identificaba pronto. Porque daba igual si era el que estaba dentro del espejo, o sea, el virtual, o estaba en realidad. Siempre guardaba el mismo color. Pero sí que estuvimos como tres meses ahí entre que hicimos las primeras pruebas y el final...

Y después volvimos a sala... tengo mucha suerte también a la hora de proponer. Cuando propongo, de repente se me escucha la mayoría de las veces.

También hay veces que me quitan la idea de la cabeza. Recuerdo mucho una palabra de Gerardo Vera una vez que me dijo «Entiendo lo que quieres hacer, pero no me viene bien. Lo cuentas desde un punto de vista en el vídeo que no me interesa porque prefiero contarlo en la escena después con un actor.» Según él habría sido contarlo demasiado pronto. Este aprendizaje mutuo es muy enriquecedor. Hay intercambio mutuo. Y como he dicho ya creo alguna vez, cada aspecto es súper diferente. Y eso es lo que hace interesantísimo esta profesión.

Me interesa también el tema este de la pantalla como objeto, lo que piensas respecto a las posibilidades de una pantalla, varias (multipantalla), sus localizaciones...

— En un principio, tú proyectabas en el ciclorama y listo, como en el fondo escenográfico. Más tarde fue evolucionando y se comenzó a usar pantallas y emplear otros lugares de la escena. Yo siempre he sido muy de proyectar en todo el escenario, buscar momentos, espacios. Pero también hay que adaptarse al lenguaje de cada obra.

Me gusta trabajar con que de repente sea una tela texturada, una madera, unas superficies rotas, lo que parece más interesante para poder componer más que sobre un guion blanco sencillo. La proyección en el fondo es vista por el espectador como fondo y hay que proyectar todo el rato y distrae más al espectador... Yo lo veo mucho en danza: la gente se queda muy mirando el vídeo cuando está en el fondo y no mira el que está cuando lo que está delante es lo importante. Por ejemplo, ahora estoy haciendo una propuesta aquí en Valencia, en la Ópera de Valencia, que es una pantalla, o sea, que eso sí, es una pantalla de 34 metros de ancho, por ocho y medio de alto. Con la evolución de un mar... No quieren ver una proyección, quieren ver lo que sucede en el contenido de esa proyección y que el espectador sienta que no tiene límites. Es decir, una propuesta superrealista e inmersiva...Es como intentar abrir el espacio y todo lo posible del teatro. La ópera es *El enemigo del pueblo*, la obra de Ibsen en versión de ópera contemporánea. Va al Teatro Real de Madrid también.

Me gustaría que me hablaras de una obra como *Todos pájaros* (Teatros del Canal, 2024).

— Mario le resultaba muy artificial hacer cualquier cosa física de manera escenográfica. Mario Gas me dijo que él quería que yo me inventara el clima emocional de la obra para que todas las metáforas que Wajdi Mouawad (autor del texto) se intuyeran en la proyección. No quería hacer nada obvio, pero sí que estuviera ese pozo de trascendencia filosófica que tiene el texto.

La importancia de un texto tan potente como ese es que casi es un texto que es muy novela, a pesar de que está pensado para actores. Cuando lo lees, te encuentras con muchos datos que no te da tiempo a asumir desde el punto de vista del espectador en una hora y media. En la lectura tú te paras, lo piensas, después continúas... Entonces había un montón, Mouawad siempre lo hace: en este caso en la historia del espacio, del pasado... el Big Bang con las bombas de los judíos en el Líbano... Y después estaban, aparte de todas esas metáforas visuales que yo intenté reproducir de alguna manera, las trails de los aviones que eran como las huellas, no como las heridas que se hacen en la piel, las arrugas... Hay muchas metáforas de ese tipo. Yo me sentí muy cómodo porque además es una serie de vídeos con texturas que yo trabajo mucho.

Es un sello que me gusta mucho, que trabajo mucho, que ayuda a trabajar un clima emocional que me solicitó Mario Gas, su director. También tiene algunos textos que tienen la función de dar información y ayudar en los saltos temporales. Es una función práctica del vídeo en este caso.

También tiene una serie de capítulos importantes como cuando los personajes están viendo la televisión: yo me pongo a buscar y encuentro los documentos visuales del año 72 de la matanza de Sabra y Shatila de las que el libro habla en concreto... Ese material era muy bueno y decidí que debería salir en la obra. También hay otras imágenes reales y grabaciones realizadas con diferentes presentadores... Con esto termina la primera parte, con lo que el espectador se queda muy sorprendido y se va al descanso con esa sensación.

¿Cómo trabajas con danza? Por ejemplo, en proyectos como Loop, ¿no? ¿Das a cada danza algo diferente? Lo digo porque ese proyecto es novedoso en la forma de utilizar la escenografía como pantalla. Todo muy orgánico entre lo escénico y el vídeo.

— ¿Cómo trabajas? Bueno, yo con danza ahora mismo estoy con dos compañías con las que trabajo habitualmente. Una es Aracaladanza, que es una compañía de danza familiar para todos los públicos que se hacen propuestas temáticas. La última fue Loop, que era una reflexión sobre el mundo teatral de alguna manera, o sobre la maquinaria escénica. En ella trabajamos mucho sobre ideas concretas y eso está muy bien.... Hay que decir algo importante, en danza no hay texto. Y eso te pone en otro lugar de inicio. Entonces, hay mucha más conversación porque no es una base textual de actores actuando. No hay números y sé que trabajan de manera independiente y hay mucha conversación con el coreógrafo, con el director escénico, sobre qué es lo que vamos a hacer y cómo puedes aportar. Entonces, tienes que estar todo el rato, que sí, viendo una pieza para ver si en esta puedo aportar algo o no. Entonces, cualquier aporte que tú puedas hacer no es independiente de lo que hagan... hay interacción... En *Loop* se proyectó sobre los *flightcase* de escenografía la imagen de una chica buceando por el agua... Justo en un momento salía mojada, empapada en la parte escénica... Los niños decían «anda, estaba ahí» y era muy divertido... La obra sigue en agenda, sigue girando la obra por ahí.

¿Cómo lo hice? Grabamos con la bailarina en una piscina, era una cosa pensada... me puse mi botella de buceo y la bailarina lo debió hacer varias veces y fue muy pesado porque la proporción del vídeo tenía que ser muy exacta... Es divertido porque puedes proponer cosas diferentes y no tienes un texto que te ancle ... La otra compañía es la de Goyo Montero, coreógrafo, que es el director del ballet de Hannover. En *Steppenwolf* (*El Lobo Estepario* de Herman Hesse) trabaje con proyección y con pantalla LED de 10 x 3 metros que bajaba...con ellos hay que trabajar mucho, probar en el escenario...

Muchas gracias por tu tiempo, Álvaro.